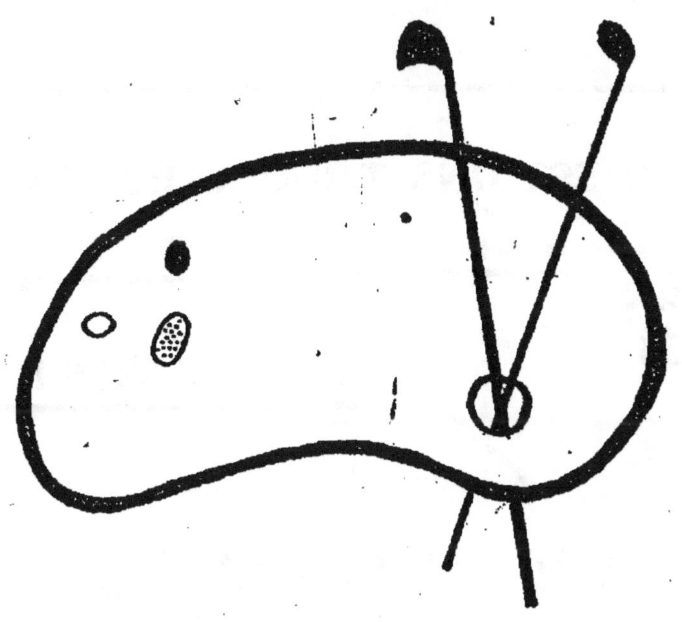

DEBUT D'UNE SERIE DE DOCUMENTS
EN COULEUR

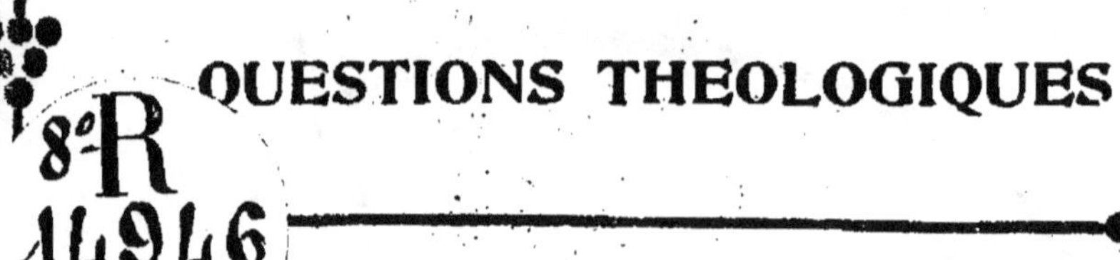



Henry N. OXENHAM

# LE PRINCIPE

DES

# Développements Théologiques

BLOUD & C^{ie}

S. et R. 533

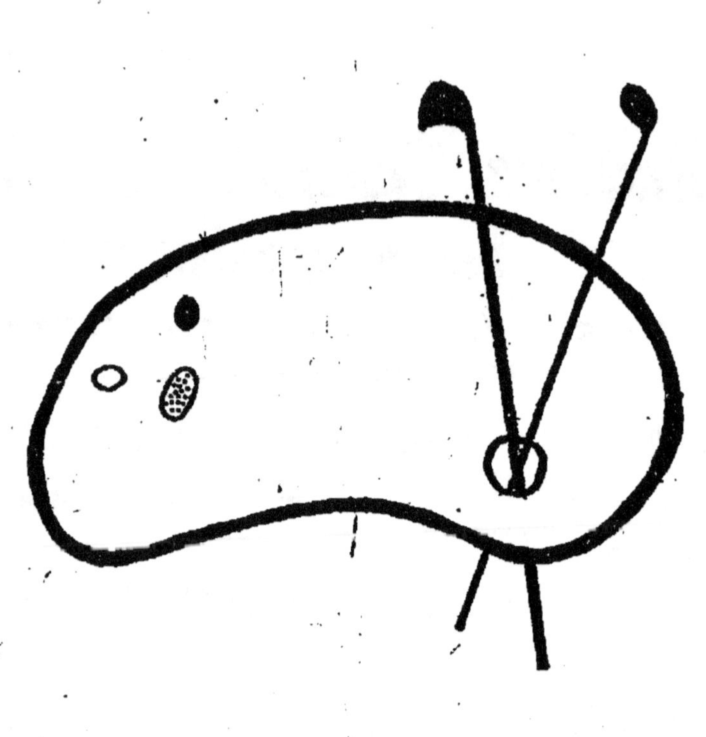

**FIN D'UNE SERIE DE DOCUMENTS EN COULEUR**

# LE PRINCIPE

## des

# Développements Théologiques

# LE PRINCIPE

### DES

# Développements Théologiques

### PAR

## Henry N. OXENHAM

*Traduit de l'Anglais, avec notes,*

*par* JOSEPH BRUNEAU, S. S.

Professeur de Dogme au Grand Séminaire de Brighton (Boston Mass.)

## PARIS

# LIBRAIRIE BLOUD & C<sup>ie</sup>

**7, PLACE SAINT-SULPICE, 7**

1 ET 3, RUE FÉROU. — 6, RUE DU CANIVET

## 1909

**Reproduction et traduction interdites**

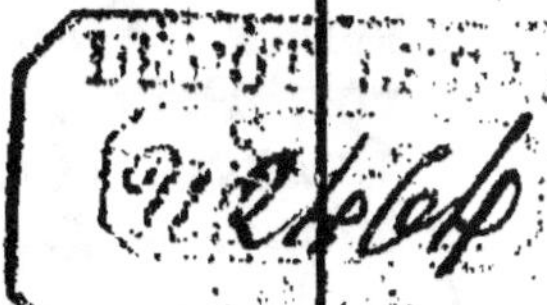

# MÊME SÉRIE


Brémond (L.), Doct' en théologie, professeur de dogme. — **La Conception catholique de l'Enfer** (21). 1 vol.

Broglie (Abbé de). — **Le Surnaturel.** — Leçons données au Cercle du Luxembourg (1873-1874) (314-315). 2 vol. Prix...................................... **1 fr. 20**

Chauvin (Constantin), Consulteur de la *Commission biblique.* — **Le Purgatoire, s'il existe et ce qu'il est** (136).......................................... 1 vol.

— **Jésus-Christ est-il ressuscité ?** (165)..... 1 vol.

Chauvin (P.). — **Qu'est-ce qu'un Saint ?** — *Essai de psychologie surnaturelle* (158)................. 1 vol.

Coste (E.), Docteur en philosophie et en théologie. — **Qu'est-ce que le Miracle ?** — *Analyse de sa notion, ses éléments constitutifs* (88)...................... 1 vol.

Courbet (P.). — **Jésus-Christ est Dieu** (6)... 1 vol.

Deschamps (A.), Docteur en médecine et en sciences naturelles. — **Un Miracle contemporain (Pierre de Rudder)** (222).......................................... 1 vol.

Gondal (I.-L.). — **Philosophie de la Prière** (226). 1 vol.

Laxenaire (J.), Doct' en philosophie et en théologie. — **Les Élus dans l'Église et hors de l'Église** (232). 1 vol.

Le Bachelet (X.-M.), Professeur de théologie. — **Le Péché originel dans Adam et ses Descendants.** *Exposé apologétique* (113-114). 2 vol. Prix.. **1 fr. 20** I. — **Justice et chute originelle :** *Le Dogme catholique et ses fondements.* — *La corruption de la nature humaine dans Adam.* — *Le Dogme de la chute originelle devant la raison.* — II. — **La tache héréditaire :** *Le Dogme et ses modernes adversaires.* — *La notion classique de la tache héréditaire.* — *Les enfants morts sans baptême.* — *La raison et le péché originel.*

Leroy (M.). — **La Constatation du Miracle et l'Objection positiviste** (Littré, Renan, Charcot, Zola, etc.). (168).................................................. 1 vol.

— **La Constatation du Miracle. Croire sans voir est-il sage ?** *La preuve du témoignage et son autorité.* — *Application aux miracles contemporains. La certitude absolue de plusieurs objections.* — *Pourquoi pas un miracle évident pour tous ?* (160)................. 1 vol.

Mallet (F.). — **Qu'est-ce que la Foi ?** (450). 1 vol.

Maréchaux (B.). — *Le Monde des Esprits.* — **Anges et Démons** (123).................................... 1 vol.

Professeur de Théologie (Un). — **Du Mensonge proprement dit et du Droit à la Vérité** (245).. 1 vol.

# AVERTISSEMENT DES ÉDITEURS

Le présent opuscule est tiré de l'Histoire du Dogme de la Rédemption, par *H. N. Oxenham*, récemment traduite en langue française par *M. Bruneau, S. S.*(1): En tête de cet ouvrage le savant théologien anglais a placé un Essai sur le principe des développements théologiques *qui, pour être moins célèbre que l'ouvrage analogue du Cardinal Newman, n'en présente pas moins une véritable originalité et répond à des préoccupations particulièrement vives à notre époque : telle était du moins la conviction des théologiens qui nous ont priés de mettre ce texte important à la portée des nombreux lecteurs de notre collection* Science et Religion. *Nous espérons que ceux-ci nous approuveront d'avoir répondu à des instances qui se présentaient d'ailleurs avec trop d'autorité pour que nous ayons eu le droit de n'y point céder.*

*Avril 1909.*

(1) *Histoire du Dogme de la Rédemption*, par H. N. OXENHAM. Ouvrage traduit de l'anglais par J. Bruneau, professeur au grand séminaire de Boston (États-Unis). 1 vol. in-16. Prix : **4 francs**. BLOUD et Cᵉ. Paris. 1909. L'ouvrage d'Oxenham fut publié en 1865. La 4ᵉ et dernière édition, très augmentée, est de 1895.

Imprimatur:

*Parisiis, die 7 julii 1908.*

† Léon-Adolphe
Arch. Paris.

# LE PRINCIPE
## des Développements Théologiques

**Le Principe des Développements Théologiques.**

Il semble bien qu'il faille voir dans le problème du développement du dogme une de ces questions capitales d'où dépendent et par laquelle sont solutionnées une foule de controverses de détail. C'est pour ne pas s'être rendu compte de cette grande loi de toute vérité, soit révélée, soit purement scientifique, que des milliers de personnes ont des préjugés invincibles contre un christianisme dogmatique et que tant d'autres laissent peu à peu le dogme s'évaporer de leur christianisme. Il est inutile d'espérer le retour des Protestants à l'unité catholique tant qu'ils n'auront pas reconnu ce principe. S'entendre sur une question si fondamentale et qui se trouve réellement à la racine de tant de controverses religieuses est le préliminaire indispensable de toute discussion sérieuse en matière doctrinale.

Il y a actuellement une ligne de démarcation très nette entre les questions de foi et les opinions théologiques : entre ce qui nous est présenté comme faisant partie du dépôt de la révélation et ce qu'on peut raisonnablement, ou probablement, ou pieusement en déduire. Mais il arrive parfois que des déductions théologiques acquièrent au cours des âges une telle certitude qu'elles finissent par obtenir la confirmation authentique de l'Eglise et être acceptées comme faisant partie de la révélation originelle. Encore que révélée, cette vérité n'est pas exprimée explicitement dans les écrits des Apôtres et des Évangélistes ; mais on la sent contenue

implicitement dans la teneur générale de leur doctrine,
et c'est elle qui fournit la clef d'une interprétation
harmonistique de leurs écrits.

Il est donc tout naturel de placer en tête d'un livre
qui veut être l'histoire d'un dogme, quelques observa-
tions sur ce principe du progrès et du développement de
la théologie catholique, encore qu'on ait conscience de ne
pouvoir présenter autre chose qu'un exposé très imparfait de quelques idées plus saillantes. L'Introduction,
comme le livre du reste, aura aussi peu que possible le
ton de la controverse. On ne peut pas être trop clair
quand on fait une déclaration de principes, mais on ne
saurait moins réussir à persuader, qu'en versant dans
la polémique.

De toute mon âme je désirerais donner comme devise à
ce travail cette noble maxime de l'antiquité chrétienne
qui, pour ne se trouver pas textuellement dans les œuvres
de saint Augustin, n'en représente pas moins l'esprit de
ce grand Saint et de ce grand Docteur : *In necessariis
unitas, in dubiis libertas, in omnibus caritas* (1).


## I


Le développement de la doctrine, il est à peine besoin
de le faire observer, ne signifie pas qu'il y ait dans
l'Eglise une suite continue de révélations nouvelles qui
viendraient supplémenter ou remplacer les révélations
de Noël ou de la Pentecôte. Encore bien moins cela
désigne-t-il une série de nouveaux apports provenant
d'un mélange d'éléments hétérogènes. Un exemple fera
saisir ma pensée. Supposons, comme on l'a dit parfois,
que l'invocation des saints, au lieu d'être le produit naturel d'une conception plus profonde de l'Incarnation, soit
venue primitivement d'une adoption graduelle de pratiques polythéistes au fur et à mesure que les païens

(1) Voir Dom Morin, O. S.-B. Origine de la formule pseudo-augus-
tinienne : In necessariis unitas. *Revue d'histoire et de littérature
religieuse*. 1902, p. 147. Cf. E. Nestle, *Expository Times*. February
1907. (N. d. Tr.)

convertis augmentaient dans l'Eglise en nombre et en influence ; ou bien, comme on l'a dit aussi, que la Trinité soit une importation du néo-platonisme dans l'Evangile ; dans les deux cas on aurait une addition, et non pas un développement légitime. Sans doute, et on va le constater, le développement a son côté humain. L'Eglise par conséquent a le droit — elle en a usé constamment — de s'assimiler et de convertir à son usage les éléments de vérité théorique ou pratique épars dans des systèmes étrangers ou hostiles, hellénistes ou hérétiques, tout comme saint Paul employait sans hésitation des métaphores et des illustrations empruntées à la vie des Grecs et des Romains de son époque. Nous avons beaucoup d'exemples d'assimilation. C'est d'abord l'adaptation de détails rituels dérivés des cérémonies juives ou païennes, tels que l'emploi de fleurs, cierges, encens, eau bénite. On alla même, plus tard, jusqu'à consacrer au culte chrétien des temples qui avaient servi à l'idolâtrie païenne — saint Grégoire recommandait cela à saint Augustin, l'apôtre de l'Angleterre. On transforma aussi des fêtes païennes : Noël remplaça les Saturnales et les *Solstitia*, et peut-être la Saint-Valentin supplanta les *Lupercalia* (1). On reconnut peu à peu des principes d'ascétisme qui s'étaient présentés à l'origine sous la forme perverse et exagérée du montanisme. Notons encore la place qu'on assigna à Aristote dans la théologie médiévale. Evidemment de tels choix et une telle utilisation supposent l'aptitude de ces matériaux à s'adapter aux grandes vérités doctrinales et morales contenues dans le dépôt de la Révélation. Tout ce qui ne peut pas s'harmoniser avec cette infaillible doctrine est rejeté comme inutile et nuisible.

---

(1) Le P. DELEHAYE, S. J., *Les légendes hagiographiques*, p. 205, fait remarquer que les Lupercales se célébrant le 15, non le 2 février, on aurait tort de voir « dans la fête de la Purification la transformation, en cérémonie chrétienne, des Lupercales ». Quant au choix du 25 décembre comme fête de la Nativité du Christ, il se range à l'opinion de Mgr DUCHESNE, et préfère voir dans la détermination de cette date « le résultat d'un calcul ayant pour point de départ le 25 mars, ce jour étant supposé celui de la mort de Notre-Seigneur ». Voir aussi VACANDARD, *Les fêtes de Noël. Revue du Clergé français*, 15 décembre 1907. (N. d. T.)

L'Eglise, de temps en temps, produira *novos fructus :* jamais elle ne consentira à reconnaître ce qui est en réalité *non sua poma.* Aussi lui faut-il le don de discernement pour séparer le bien du mal.

Ce qu'on veut dire par principe de développement est ceci : *La révélation chrétienne, « confiée aux Saints » une fois pour toutes par le Verbe Incarné et par le ministère de ses serviteurs inspirés, encore qu'elle ait été dès le début comprise complètement en tout ce qui était nécessaire, s'est développée et devait se développer graduellement dans la conscience de l'Eglise, illuminée par la présence continuelle du divin Paraclet* (1).

---

(1) Je cite le texte du *Commonitorium* de saint Vincent de Lérins (c. 28) d'autant plus volontiers que sa fameuse règle *quod ubique, quod semper, quod ab omnibus* a été souvent opposée à la théorie du développement, à tort, il me semble, car elle la suppose et l'appuie. « Nullusne ergo in Ecclesia Christi profectus habebitur religionis ? *Habeatur plane et maximus.* Nam quis ille est tam invidus hominibus, tam exosus Deo, qui istud prohibere conetur ? Sed ita *ut vere profectus sit ille fidei, non permutatio.* Siquidem ad profectum pertinet ut in semetipsum unaquaque res amplificetur : ad permutationem vero ut aliquid ex alio in aliud transvertatur. Crescat igitur oportet, et multo vehementerque proficiat, tam singulorum quam omnium, tam unius hominis quam totius Ecclesiæ, ætatum et sæculorum gradibus, intelligentia, sapientia, scientia ; sed in suo duntaxat genere, eodem scilicet dogmate, eodem sensu, eademque sententia. » Il n'y a rien dans le fameux essai du Cardinal Newman qui ne soit en germe dans ce passage.

Cf. F. Brunetière et P. de Labriolle, *Saint Vincent de Lérins.* H. Brémond, *Newman,* Développement du Dogme chrétien, avec lettre préface de S. G. Mgr Mignot.

On lira avec intérêt et profit la dissertation qui a valu récemment au Rév. W. S. Reilly, S S., le titre de Docteur en théologie à l'Université catholique de Paris : « *Quod ubique, quod semper, quod ab omnibus.* » Etude sur la règle de foi de S. Vincent de Lérins (Tours, Mame, s. d.) Dans un premier chapitre l'auteur arrive à la conclusion très probable que la règle de foi de saint Vincent a été rédigée pour fournir une arme de plus contre les défenseurs de la doctrine de saint Augustin. Comme son auteur est semi-pélagien, et qu'il écrit dans l'ardeur de la lutte, il faut mettre en doute la complète impartialité de son critérium. Puis il dégage la pensée de saint Vincent sur la méthode qu'il emploie et la notion qu'elle présuppose de la tradition ecclésiastique. La règle de foi par excellence c'est l'Eglise interprète de l'Ecriture dans laquelle toutes les vérités révélées seraient contenues au moins en germe. Mais pour les cas où on est dans le doute à l'égard de l'enseignement de l'Eglise, le Commonitoire trace des règles. Malheureusement, il n'explique pas assez son principe : Quod ubique, etc.

Répondant à une objection, il affirme le progrès de la doctrine. Dès le v⁰ siècle, il a donc entrevu la loi du progrès : mais son idée diffère beaucoup de celle de Newman, bien que plusieurs expressions se ressemblent chez les deux auteurs.

(N. d. Tr.)

On peut se demander, encore qu'il soit impossible d'obtenir une réponse complète et définitive, jusqu'à quel point les apôtres eux-mêmes ont compris dans sa plénitude et dans ses détails la révélation dont ils étaient les organes. Il est bien certain qu'ils ne l'ont pas enseignée dans tous ses détails, encore qu'ils l'aient enseignée suffisamment pour les besoins de l'Eglise à leur époque ; certain également que tout leur enseignement oral ne nous est pas parvenu. Que, sous la lumière de l'inspiration divine, ils aient compris la portée de ce qu'ils enseignaient d'une façon inaccessible à leurs contemporains non inspirés, et qu'ils aient su beaucoup plus qu'ils n'ont enseigné ; cela ne peut pas faire l'ombre d'un doute. Mais il ne s'ensuit pas pourtant que toute la série des vérités révélées, dans leurs développements futurs et possibles, ait été déployée sous leurs yeux comme un rouleau enluminé : cela semble même très peu probable.

Le principe du développement de la doctrine dans l'Eglise n'est pas plus affecté par la plénitude de la connaissance qu'ils possédaient, si tant est qu'ils l'eussent en plénitude, que le déroulement des faits de l'histoire de l'Eglise n'est affecté par la prévision surnaturelle qu'en eut saint Jean, à Patmos, sous la lumière de l'inspiration. Il ne faut pas oublier pourtant qu'il y a des traces de développement même dans le Nouveau Testament et que sur certains points comme la *Parousie*, des écrivains inspirés étaient non seulement dans l'ignorance mais croyaient même positivement à un retour prochain du Seigneur (1). L'Ecriture elle-même

(1) Cette opinion, que Dom CALMET exposait en la rejetant, a été substantiellement adoptée par le P. LEMONNYER, O. P. : « La parousie, si elle n'est pas imminente, est prochaine, saint Paul a l'impression que lui-même et l'ensemble de ses correspondants seront encore vivants quand elle se produira. Cependant, ce n'est pas en lui une certitude, ni de sa part objet d'enseignement direct et formel. Cette impression lui est commune avec toute la première génération chrétienne et paraît se rattacher à la psychologie juive comme à sa source première et véritable. » *Epîtres de saint-Paul* (t. I, p. 40).

Aussi Mgr LE CAMUS avec sa franchise habituelle, n'hésite pas à dire : « Les efforts qu'on a tentés pour supprimer l'évidente illusion de l'Apôtre sur la proximité de la parousie sont aussi superflus que désespérés. Mais ce n'est pas un texte, c'est une série de textes

a son côté humain. Et ceci m'amène à une autre
remarque très importante pour notre sujet.

Dans ce développement, comme dans l'Ecriture,
les sacrements et tout ce qui concerne nos relations
avec le monde invisible, il y a de toute nécessité deux
éléments, l'un divin, l'autre humain. L'élément humain
est représenté ici par les travaux des théologiens, les
méditations des saints, et même, nous l'avons vu, par
les spéculations étrangères, parfois hostiles, des hommes
de science, des hommes du monde, des hérétiques, des
incroyants. Même des Positivistes nous avons quelque
chose à apprendre ; et lorsqu'ils nous représentent la
moralité et la fraternité du genre humain comme une
révélation nouvelle, ils ne font que nous rappeler nos
trésors trop oubliés.

Ces tendances opposées de l'Orient et de l'Occident
qui ont fait de la Grèce ancienne la reine de la philosophie spéculative et de Rome la source du droit euro-
péen moderne apparaissent à nouveau dans l'histoire de
la théologie chrétienne. A l'une il fut donné de scruter
la nature et les attributs de Dieu, à l'autre ses desseins
sur l'homme et les dons de sa bonté. C'est ainsi que,
durant les premiers siècles, l'effort de la pensée chrétienne en Orient se porte sur les doctrines de la Trinité
et de l'Incarnation et accentue le progrès de ces doctrines plus théologiques qu'anthropologiques, tandis que
chez les théologiens latins on discute les problèmes de

dont il faudrait avoir raison pour pouvoir sérieusement établir que
la première génération chrétienne ne s'est pas trompée sur la proximité de la parousie. Or à ce labeur on perdra son temps. » *L'Œuvre
des Apôtres* (t. II, p. 343, n, 5), ouvrage honoré d'une lettre flatteuse
de Sa Sainteté le Pape Pie X.

« Cette évidente illusion de l'Apôtre et de toute la première génération chrétienne s'explique aisément, dit le P. MAGNIEN, O. P., quand
on songe que les premiers fidèles furent presque tous tirés du sein
du Judaïsme et qu'en vertu d'une loi psychologique très connue, l'esprit humain qui s'enrichit d'une idée nouvelle ne sacrifie des pensées anciennes que celles qui répugnent absolument aux concepts
nouveaux. » *La Résurrection des morts d'après la première épître
aux Thessaloniciens*, *Revue Biblique*, 1907, p. 336.

M. LABAUCHE semble se ranger à « l'opinion plus nuancée » du
P. Lemonnyer (*Leçons de théologie dogmatique*, 1908, p. 361, note.)

(N. d. Tr.)

la liberté, de la justification, de la grâce et des sacrements. C'est ainsi, encore, que la théologie prit naissance au troisième siècle à Alexandrie, le centre de la renaissance néo-platonicienne et du Gnosticisme, et qu'elle put apprendre de l'une et de l'autre ; tandis que plusieurs siècles après, l'introduction accidentelle (comme nous disons, *tanquam divini sensus ignari*) des écrits d'Aristote en Europe, par l'intermédiaire d'une traduction arabe rapportée par les Croisés, fut l'origine immédiate de la scolastique, laquelle, à partir de saint Anselme, donna sa forme à toute la théologie chrétienne pendant quatre siècles. Et ainsi, au cours des âges, la pensée catholique a pris des formes définitives et a été coulée dans un moule scientifique avec une méthode et une phraséologie spéciales sous la direction de grands esprits tels que saint Athanase, saint Augustin et saint Thomas. En fait, on ne pourrait peut-être pas citer un seul cas où le progrès de la doctrine n'ait pas été favorisé plus ou moins directement par les doutes de l'hérésie. « Aucune vérité, généralement parlant, n'est définie avant d'être violée. » L'hérésie, qui est un faux développement, demande à être réfutée par l'affirmation solennelle de la vérité qu'elle cherche à nier ou à fausser. La vérité jaillit du choc des opinions, la science théologique lui donne une forme précise, et la sentence de l'Eglise une ratification définitive (1).

Et ceci nous amène à la seconde période du développement. Beaucoup nous suivent jusqu'ici qui nous laisseront, lorsqu'il s'agira de l'élément surnaturel et divin, l'action constante de l'Esprit Saint sur l'Eglise, action qui consiste à l'empêcher de donner sa sanction

---

(1) « Vouloir s'affranchir de ces décisions et des avantages qu'elles procurent pour revenir à la simplicité de cette foi primitive qui reposait sur les faits de l'Evangile, c'est ignorer que l'expansion graduelle des doctrines chrétiennes n'était que le progrès de l'esprit religieux qui sous l'action du Saint-Esprit comparait entre elles les vérités particulières dont il s'était enrichi. On aurait vu ces vérités se résoudre en fausses combinaisons, si elles n'avaient pas produit les combinaisons actuelles... Ceux qui cherchent à retourner à cette simplicité de la foi en rejetant ce que nous a acquis le sentiment religieux voudraient retrouver la faiblesse de l'enfance mais sans son innocence. » WILBERFORCE, *Doctrine of the Incarnation*, p. 103.

officielle à tout développement qui ne serait pas en harmonie avec la révélation originelle et la pensée de Dieu. Que cette sanction soit exprimée par l'organe d'un concile ou d'un pape, ou qu'elle soit perçue directement par le *sensus fidelium*, comme dans le symbole de saint Athanase (1) ; ou que tel organe soit préférable à tel autre, il n'importe. Nous constatons des faits, nous exposons, nous ne discutons pas.

Un premier fait qui saute aux yeux est le suivant : *le développement de la doctrine chrétienne est analogue à celui de l'histoire du christianisme.* Le grain de sénevé qui croît et devient un grand arbre est un symbole de la Révélation du Christ et aussi de l'Eglise fondée dans son sang. Celle-ci devait croître à partir d'une secte ignorée au sein du Judaïsme, comme l'enfant au sein de sa mère, — jusqu'à devenir l'Eglise catholique, un royaume mondial, s'étendant à toutes les nations de la terre, — ainsi le dépôt primitif des « faits, des principes, des genres dogmatiques, des pressentiments », résumés ensuite dans le symbole des apôtres, n'était pas une valeur inerte qu'il s'agissait de conserver intacte à toutes les époques, mais un κτῆμα ἐς ἀεὶ destiné à se développer par le travail des siècles, et la conscience des fidèles éclairée par le Saint-Esprit, pour aboutir à cette majestueuse plénitude de la théologie catholique (2). Il devait y avoir un progrès incessant, mais sans solution de continuité, *continuo non vero per saltum,* dans la conscience intellectuelle de l'Eglise comme dans sa vie organique. La primauté du Saint-Siège fut reconnue de plus en plus distinctement, à mesure que l'importance pratique d'un centre visible d'unité apparut plus clairement dans le choc des

(1) Hæc professio Athanasii quidem opus non est : cum tamen ab utraque Ecclesia occidentali et orientali, ut auctoritas suscipiatur, *versa est fidei definitio.* Denziger, *Enchiridion,* p. 46, Voir Turmel, *Revue du Clergé français,* 15 Novembre 1906, p. 619. Dom G. Morin, *Le symbole d'Athanase et son premier témoin saint Césaire d'Arles. Revue Bénédictine,* 1902, p. 337.

(2) Doellinger, *Christenthum und Kirche in der Zeit der Grundlegung,* pp. 162, 219, 221. Cet ouvrage a été traduit en anglais par l'auteur de cet ouvrage sous ce titre : *The first age of Christianity and the Church,* 1ʳ édit. 1866. 4ᵉ 1906.
(N. d. Tr.)

intérêts en conflit et des nationalités en travail dans le bercail commun ; et de même les diverses controverses théologiques furent le moyen choisi par la Providence pour faire ressortir dans le détail les justes proportions et les harmonies de la foi. L'Eglise du Christ a son enfance, son âge mûr et sa vieillesse (1).

La plénitude de la vérité était enveloppée dans la tradition apostolique ; la religion universelle se cachait au Cénacle, comme les résultats des sciences mathématiques sont contenus dans leurs axiomes ou le chêne est enfermé dans le gland (2).

Autre fait : *il est possible de montrer dans l'évolution des doctrines une suite historique parallèle à l'ordre des articles du Credo.*

Tout d'abord dans le conflit avec la philosophie grecque, il fallait développer et définir la doctrine de la Trinité : ce fut l'œuvre des deux premiers conciles œcuméniques ; les quatre suivants eurent à formuler et à protéger la foi en l'Incarnation ; la première proposition doctrinale sur l'Eucharistie est l'œuvre du septième concile. Plus tard, en Occident, les questions

___

(1) C'est ce que dit saint Vincent dans son *Commonitorium (C. 29)* : « Imitetur animarum religio rationem corporum, quæ licet annorum processu numeros suos evolvant et explicent, eadem tamen quæ erant permanent. Multum interest inter pueritiæ florem et senectutis maturitatem, sed iidem tamen ipsi fiunt senes, qui fuerant adolescentes, ut quamvis unius ejusdemque hominis status habitusque mutetur, una tamen nihilominus eademque natura, una eademque persona sit... Ita etiam Christianæ religionis dogma sequatur has decet profectuum leges ; ut annis scilicet consolidetur, dilatetur tempore, sublimetur ætate, incorruptum illibatumque permaneat, et universis partium suarum mensuris cunctisque quasi membris ac sensibus propriis plenum atque perfectum sit, quod nihil præterea permutationis admittat, nulla proprietatis dispendia, nullum definitionis sustineat varietatem. »

(2) Saint Vincent emploie cette comparaison du germe et de la plante : « *Severunt* majores nostri antiquitus in Ecclesiastica segete triticea fidei *semina...* hoc rectum et consequens est ut, primis atque extremis sibimet non discrepantibus, de incrementis triticeæ institutionis *triticei quoque dogmatis frugem demetamus ;* ut cum aliquid ex illis seminum primordiis accessu temporis evolvatur, nihil tamen de germinis proprietate mutetur... Quodcumque igitur in hac Ecclesiæ agricultura fide patrum satum est, hoc idem filiorum industria decet excolatur et observetur, hoc idem floreat et maturescat, hoc idem proficiat et proficiatur. » (*Commonitorium*, c. 30.)

Beaucoup préfèrent aujourd'hui la comparaison du ferment. (Voir B. ALLO, O. P., « Germe » et « ferment », *Foi et Systèmes*, pp. 223 seq. BLOUD, éd. (N. d. Tr.)

plus psychologiques de la grâce et de la liberté, soulevées par saint Augustin, ainsi que leurs conséquences pour la justification de l'homme (avec la doctrine du mérite si étrangement travestie dans la suite) se présentèrent à la pensée de l'Eglise ; enfin ce fut la théologie des sacrements, leur nature, leur nombre, leurs caractéristiques, et tel est précisément l'objet des derniers articles du Credo. Les résultats du jugement de l'Eglise sur tous ces points ont été lumineusement exposés dans le catéchisme et les décrets du Concile de Trente d'avec lesquels les symboles les plus récents de l'Eglise grecque ne diffèrent pas notablement. C'était précisément cet aspect psychologique de leur doctrine qui faisait la force des Réformateurs. Luther prétendait éluder le verdict du Concile, du cloître et de l'Université pour en appeler directement au cœur et au sentiment religieux de la multitude. Et il leur demanda non pas ce qu'était la nature ou la mission du Rédempteur, mais comment le pécheur est justifié devant Dieu.

Les controverses de notre époque se rapportent principalement aux derniers articles du Credo sur la personne et le rôle du Saint-Esprit, l'inspiration des Livres Saints, et la présence de l'Esprit dans l'Eglise. Ce que fut le Protestantisme au seizième siècle, le Rationalisme l'est de nos jours.

II

Et qu'on veuille bien le remarquer, si l'on rejette le principe du développement du dogme, il ne reste que deux théories possibles : la première formulée par Chillingworth (1), acceptée en théorie mais rejetée en pratique par presque toutes les communautés protestantes : « La Bible, rien que la Bible. » Cette thèse est fondée sur l'idée fausse — radicalement fausse — qu'on s'est faite du concept catholique de l'autorité de l'Eglise, et sur l'ignorance absolue ou la négation radi-

_______

(1) *Religion of Protestants a safe way of Salvation*, 1637.

cale du principe du développement (1) présenté comme une *reductio ad absurdum* des principes catholiques. Voici ce passage fameux : « Je vois de mes yeux des Papes opposés à des Papes, des conciles contre des conciles, des Pères en désaccord avec d'autres Pères, un même Père se contredisant lui-même, l'opinion commune des Pères d'une époque en conflit avec la doctrine des Pères d'une autre époque, l'Eglise d'une période opposée à l'Eglise d'une autre période. On parle d'interprétations traditionnelles de l'Ecriture, où les trouver ? En dehors de l'Ecriture, il n'est pas de tradition qui remonte aux origines. De chacune on peut prouver ou qu'elle date de tel ou tel siècle de l'ère chrétienne, ou qu'en tel siècle elle n'existait pas encore. En un mot, il n'y a pas, en dehors de l'Ecriture, de certitude suffisante sur laquelle on puisse bâtir. »

Quelques remarques sur ce passage : « Papes contre Papes. » Soit ! Mais parlent-ils *ex cathedra* quand ils parlent de leur propre autorité ? Les Conciles ne sont infaillibles qu'en matière de doctrine ; et on n'arrive pas à citer un seul cas de contradiction entre des conciles œcuméniques sur des questions doctrinales. Les opinions individuelles des Pères sont des renseignements précieux sur l'état des croyances à leur époque, ou elles ont de la valeur à cause du caractère et de la position de leur auteur ; mais elles ne font pas partie du dépôt de la foi, leurs contradictions ne fournissent pas un argument plausible contre l'autorité de la tradition catholique. « Rien que la certitude de l'Ecriture Sainte » est un criterium parfaitement inutile, à moins qu'on soit assuré de la véritable *interprétation* de l'Ecriture. *Scriptura est sensus scripturæ.* Une simple allusion à tous ces problèmes troublants sur l'histoire biblique et

---

(1) « Le protestantisme n'admet pas la légitimité d'un développement dans le christianisme. Pour lui, tout ce qui est étranger à la lettre de l'Evangile est aussi étranger au Christ. Mais n'est-ce pas se faire de l'œuvre de Jésus une idée singulièrement fausse que d'en proscrire tout développement ? Si l'œuvre de Jésus ne progressait pas, elle ne vivrait pas, car tout ce qui vit se développe. Le catholicisme, qui est le christianisme vivant et se développant, est par là même la véritable religion de Jésus. » P. POURRAT, *La théologie sacramentaire*, 3ᵉ éd., 1908, p. 366.

(N. d. Tr.)

l'inspiration, dont Chillingworth n'avait pas la moindre idée, suffit à le montrer. Je me contente de faire remarquer que si on veut essayer ce principe en pratique, il faut pour l'appliquer supposer presque toute la doctrine catholique sur l'authenticité et l'inspiration de la Bible et même un peu aussi sur l'interprétation, faute de quoi la théorie s'écroule impuissante. Dans l'abstrait, toutefois, elle est intelligible et cohérente.

L'autre système admet en fait, bien que non en théorie, le principe du développement, mais il cherche à en limiter l'opération aux premiers siècles. Suivant cette doctrine nous devrions accepter non seulement la Bible, mais encore les symboles catholiques, — celui des Apôtres, celui de Nicée, celui de saint Athanase — ainsi que les décrets dogmatiques des premiers conciles, le jugement de l'Eglise primitive sur le Canon des Ecritures ; seulement il faudrait rejeter tous les développements récents, ces « innovations », comme ils disent, telles que le Purgatoire et la Transsubstantiation. C'est le principe que professe l'Eglise anglicane, et plus encore l'Eglise grecque, et sur lequel se règlent en pratique, bien qu'elles le rejettent en théorie, la plupart des dénominations protestantes d'Europe. Il a un avantage sur le principe de la *Bible toute seule* en ce qu'il fournit jusqu'à un certain point un système de croyances, mais il manque d'adaptabilité et de cohérence. Car la question se pose inévitablement : Jusqu'où irons-nous ? La science théologique ne peut pas s'arrêter immobile, et s'il nous faut accepter les définitions de Nicée et de Chalcédoine, pourquoi rejeter celles des Conciles postérieurs ?

Si le *sensus fidelium* suffit à garantir le Symbole de saint Athanase et (du moins dans l'Eglise anglicane) le *Filioque,* pourquoi ne saurait-il garantir l'invocation des Saints ou le Purgatoire ? Le Saint-Esprit, qui a guidé l'Eglise pendant les premiers siècles, ne peut vraiment pas lui avoir retiré son secours de lumière, et puisque les formes pratiques et les ressources variées de l'erreur ne sont restreintes à aucune période, de même l'Eglise doit avoir à toutes les époques la possibilité de se défendre en faisant des définitions nouvelles, si besoin en est, et en mettant en plus grande lumière cette portion de la vérité révélée qui se trouve attaquée.

Sans doute, à une époque où l'histoire était moins étudiée et la critique presque inconnue, il s'est trouvé des auteurs pour supposer que tout ce qu'on enseigne comme doctrine catholique se trouvait non pas en germe mais en détails, dans les écrits des premiers Pères. Aucun esprit tant soit peu averti ne voudrait soutenir aujourd'hui cette doctrine. La vraie question, cela devient de plus en plus clair, n'est pas de savoir si tel ou tel détail est un développement (car les trente-neuf articles de la confession d'Augsbourg sont aussi bien un développement que le Symbole de Pie IV), mais quels sont les développements légitimes.

Répudier tout développement de la croyance primitive, ce n'est pas la restaurer dans sa pureté originelle, mais c'est au fond déformer ou obscurcir ses traits primitifs ; et c'est ainsi que tous ceux qui rejettent le Symbole de saint Athanase ont perdu ou sont en train de perdre toute foi précise en la Trinité (1). Quiconque attache de la valeur aux croyances positives ne peut pas rester spectateur indifférent, encore moins être hostile. *Tua res agitur, cum proximus ardet.* Cette parole est ici d'une vérité tragique. Il y va de l'existence du christianisme.

III

Et maintenant, comme un principe se comprend mieux par des exemples, choisissons quelques faits plus significatifs, pour montrer le développement doctrinal dans l'Eglise.

(1) Supposons qu'on ait demandé à un chrétien du

---

(1) Et sur le dogme de la divinité du Christ que de défaillances et de fléchissements !

M. DE GRANDMAISON, au cours d'un article fort intéressant (Le développement du dogme chrétien. *Revue pratique d'apologétique*, 15 janvier 1908), montre comment « ç'a toujours été la tactique des novateurs d'en appeler, durant quelque temps, des développements et précisions doctrinales qui condamnaient leurs erreurs : on a ainsi l'étrange spectacle d'émancipés jouant le conservatisme le plus étroit, de téméraires niant tout progrès au sein de l'Eglise. » P. 536.

premier, du second ou du troisième siècle : Combien y a-t-il de Sacrements ? De prime abord il n'eût certainement pas compris la question. Le mot sacrement était employé par les anciens écrivains — comme le mot μυστήριον dans le Nouveau Testament — dans un sens qui implique réellement notre concept du sacrement, mais qui est beaucoup plus large. « C'est un grand mystère — *sacramentum* — dit saint Paul, parlant du mariage chrétien ; mais il dit aussi : « Oh ! certes, il est grand le mystère d'amour ; » il s'agit de l'Incarnation, et là encore la Vulgate traduit *Sacramentum pietatis*.

Il n'est peut-être pas d'objet auquel les Pères, surtout saint Augustin, appliquent le mot *Sacramentum* plus souvent qu'à l'Incarnation. Mais si notre chrétien des temps primitifs avait réussi tant bien que mal à comprendre la question, il n'aurait pu que répondre : « Je ne sais pas ! » C'étaient les mêmes sacrements, naturellement, qu'on administrait depuis l'origine. Alors, comme maintenant, les chrétiens étaient baptisés, confirmés, absous, communiés ; alors comme aujourd'hui il y avait le mariage, l'ordination, l'extrême-onction. Mais tout comme pendant des siècles, des Evangiles et des Epîtres d'une authenticité douteuse circulaient avec les autres et que ce ne fut qu'à la fin du quatrième siècle que le Canon des deux Testaments fut fixé par un décret dogmatique, ainsi pendant des siècles, on désigna sous le nom de sacrements plusieurs autres rites, quelques-uns de nos sacramentaux, par exemple, et encore d'autres rites qui ont totalement disparu ou à peu près, tels que l'agape, ou le lavement des pieds (1). C'est plus tard seulement qu'on en désignera sept comme possédant seuls, par l'institution divine, une grâce surnaturelle intrinsèque. Hugues de Saint-Victor en compte six ; il omet l'Extrême-Onction, Pierre Lombard fut le pre-

(1) SAINT AUGUSTIN appelle le sel et l'exorcisme du Baptême « sacramenta ». *De Pecc. orig.*, 40. SAINT BERNARD donne ce nom au lavement des pieds (*Serm. in Cœn. Dom.*, paragr. 4) ; GODEFRID, un auteur du XIIᵉ siècle, compte parmi les sacrements le sel, l'huile, l'eau, l'anneau et la crosse dont on se servait pour la consécration des évêques. COLLET, au XVIᵉ siècle, le signe de la Croix et le Lavabo à la messe. Cf. POURRAT, *Théol. sacramentaire*.

mier à fixer le nombre sept (1). Définir qu'il y en a deux seulement, c'est développer la doctrine, mais à rebours. Parler, comme font souvent les anglicans, « des deux sacrements », et donner cela comme la foi de l'Eglise primitive, est une doctrine tout aussi incorrecte dans l'expression et bien plus trompeuse en substance que ne le serait la mention expresse de sept sacrements aux premiers siècles.

Il y eut bien des différences sur ce sujet entre les premiers Réformateurs. Luther admettait trois sacrements : le Baptême, l'Eucharistie, la Pénitence. Cranmer aussi à un moment enseigna qu'il y en avait trois : la Confirmation, le Baptême, l'Eucharistie.

(2) Passons maintenant à un autre exemple tiré du culte des Saints et des Anges. Nous en avons certainement de nombreux pressentiments — Φωνᾶντα συνετοῖσι dans l'Ancien et le Nouveau Testament, surtout l'Ancien : et on trouve des témoignages très clairs du IIIᵉ et du IVᵉ siècle (sans parler des inscriptions catacombales) sur les honneurs rendus aux Saints, surtout martyrs, et les invocations qu'on leur adressait (2). Pourtant, c'est là que je veux en venir, c'est seulement peu à peu que leur position fut reconnue. Dans toutes les liturgies dont il nous reste des manuscrits, parmi les prières pour les trépassés contenues au Canon de la Messe, il y a des demandes spéciales pour la Sainte Vierge et les Saints.

Les apologistes y ont vu parfois des prières pour l'accroissement « de la gloire accidentelle » des saints, mais cela fut imaginé après coup. L'expression « gloire accidentelle » et l'idée qu'elle représente est venue plus tard avec la théologie scolastique. Mieux vaut dire tout de suite — et c'est la vérité — que l'œil du chré-

_________

(1) Cf. Pourrat, *Op. cit.*, *Le nombre des sacrements*, § IV.

(2) Thomassin (*De Incar.*, XI, 6) pense avec raison que l'Eglise primitive s'abstenait probablement de rendre un culte aux anges, de peur d'exposer à l'idolâtrie les païens convertis. Ce raisonnement basé sur la théorie de *l'arcane* demande à n'être pas poussé trop loin ; mais cela rendrait bien compte de la réserve plus grande alors que maintenant par rapport au culte des anges et des saints.

tien n'avait pas encore suffisamment mis au point toutes choses pour apprécier clairement la position de la hiérarchie céleste dans l'économie de la grâce. Non, certes, qu'il y ait de l'inconséquence à prier les personnes pour qui l'on prie soi-même ; il est tout à la fois naturel et légitime de solliciter l'intercession des saintes âmes du Purgatoire qui ne sont pourtant pas encore parfaites. Mais l'importance de cette question, à cause de ses rapports avec le mystère de l'Incarnation, centre de tous les autres, fut peu à peu mise en relief, surtout pendant les discussions iconoclastes du VIII<sup>e</sup> siècle, encore que la pratique d'invoquer les Saints fût devenue générale bien avant cette époque.

Ce ne fut guère qu'au XIV<sup>e</sup> siècle que l'autorité définit que les Saints jouissent de l'union béatifique avant le jour du jugement.

(3) Ceci me conduit naturellement à un autre exemple de développement, qu'il importe d'examiner de sang-froid, car on en a fait la *reductio ad absurdum* de toute la théorie. J'ai nommé le dogme de l'Immaculée Conception. Les raisons qui ont amené Rome à le définir en 1854 et la nature de l'autorité en question n'entrent pas dans le cadre de la présente étude. De la doctrine considérée en elle-même, on prétend souvent qu'elle n'est ni primitive, ni scripturaire, ni raisonnable, ni pieuse ; que c'est une addition au dépôt originel, et qu'elle attribue à la Mère ce qui est l'inaliénable privilège de son divin Fils. Ecartons cette dernière objection, qui repose sur un faux exposé de la question, et examinons les faits (1).

Saint Augustin est le premier qui ait mis en relief la doctrine du péché originel dans sa controverse avec les Pélagiens au IV<sup>e</sup> siècle. Il est de toute évidence que l'exemption qui arrache Marie à la malédiction commune ne pouvait pas être enseignée explicitement avant cette époque (2).

---

(1) Les Pères sont cités d'après PETAU, *De Incarn. De Trin.*

(2) Et pourtant les épithètes injurieuses : « doctrine surprenante, impossible, incompréhensible, » viennent surtout de ceux qui nient ou affectent d'ignorer totalement le péché originel.

Allons plus loin : saint Basile, saint Cyrille d'Alexandrie, Origène ne font pas difficulté d'admettre qu'elle a péché par manque de foi au Calvaire ; saint Chrysostome l'accuse d'ambition, Tertullien d'incrédulité.

Pareil langage offense nos oreilles, et ce serait choquant de l'employer aujourd'hui ; mais n'oublions pas qu'il en était tout autrement à l'époque. D'autre part, Tertullien oppose la foi de Marie à l'incrédulité d'Eve, saint Justin et saint Irénée son obéissance à la désobéissance de notre première mère, et saint Ambroise admire son courage au pied de la Croix. Saint Epiphane dit qu'elle est appelée en figure — ce qu'Eve était en réalité — mère des vivants ; et saint Augustin déclare que par respect il ne parlera pas d'elle quand il sera question de péché ; mais il fait allusion au péché actuel, non au péché originel (1).

Puis vint la controverse Nestorienne et le concile d'Ephèse. Chose digne de remarque, Nestorius et ses partisans présentèrent contre la nouvelle définition du Θεοτόχος à peu près les mêmes arguments que nos critiques modernes ont déployés en 1854 contre le « nouveau dogme ». Le mot était nouveau ; on ne le trouvait ni dans les Saints Livres ni dans les écrits des Pères (2), il avait des relents d'Eutychianisme, et, comme tel, il était dénoncé du haut de sa chaire métropolitaine par le second patriarche de la chrétienté. Ce mot était inutile,

___

(1) « C'est, il est vrai, à propos des péchés actuels, des péchés commis personnellement par les justes, que saint Augustin parle ainsi ; mais son affirmation relativement à la sainteté de Marie est absolue, et la raison dont il l'appuie n'a pas moins de valeur en ce qui concerne le péché originel qu'en ce qui concerne les autres péchés. » LE BACHELET, S. J., *L'immaculée Conception*, 2ᵉ partie, p. 9, 1903.

« Nous avions cru, avant de lire les écrits du saint Docteur, qu'il n'entendait parler que de l'exemption des péchés actuels, et qu'on ne pouvait arriver à l'exemption du péché originel en Marie que par une déduction discutable. Nous comprenons maintenant qu'on entende ce texte autant du péché originel que du péché actuel, attendu que saint Augustin le distinguait moins nettement et moins profondément du péché actuel que nous ne le faisons maintenant. » A. GAILLARD, *Etudes sur la grâce*, 1897, p. 18.          (N. d. T.)

(2) Le fait n'est pas exact. L'expression était en vogue depuis deux siècles. Cf. PETAU, *De Incarn.*, V, 15. Ainsi Alexandre, patriarche d'Alexandrie, l'emploie dans une lettre à son homonyme de Constantinople, de même Origène, dans son commentaire sur l'épître aux Romains. *Théodore*, H. E., 1, 3, *Socr.* H. E., 7, 32.

il pouvait même être dangereux. Chacun savait bien que le Christ était Dieu et que Marie était sa mère ; mais adopter cette nouvelle formule tiendrait à faire croire qu'elle était la mère de la Divinité — un blasphème ! — ou que les deux natures étaient fondues en une seule — ce qui est une hérésie. — L'expression mère du Christ Χριστοτόχος que Nestorius acceptait, suffisait à exprimer tout ce qui était nécessaire, et ne donnait pas prise à ces graves objections. Ainsi raisonnait-on ; mais l'expérience a montré surabondamment combien était nécessaire la définition d'Ephèse pour sauvegarder l'honneur de la Divinité de Notre-Seigneur (1). De même la définition de 1854 servira à attester la réalité du péché originel en même temps que la sainteté sans tache de cette chair humaine hypostatiquement unie à la Divinité et formée dans le sein de sa Mère.

On a objecté (2) aussi que la Doctrine « n'a pas de *portée* nécessaire sur son office dans l'économie de l'Incarnation » ; mais peut-être ne faudrait-il pas trop se presser de dire cela, et la réception enthousiaste qu'on a faite à cette définition, après que la pensée de l'Eglise a été orientée de ce côté depuis près de huit siècles, est une forte présomption du contraire. Elle semble bien, en tous cas, mettre en relief la loi générale du péché originel dont une seule créature a été exemptée par un privilège et une grâce de Dieu tout exceptionnelle, et c'est peut-être ce qui explique l'indignation, quelque peu incompréhensible autrement, des critiques rationalistes contre une exception à une loi à laquelle ils ne croient pas. L'exception prouve la règle. Et sûrement notre raison, comme l'idée du respect dû au Christ, nous disent combien c'était convenable que la Mère de Dieu fût sans péché.

(1) Saint Paul a une expression à peu près analogue, *Act.* 20 : « le sang de Dieu ». Le Nestorianisme latent de la piété protestante se refuse à accepter ce réalisme ; pourtant il semble bien prouvé que ce soit le vrai sens du texte. Dire que l'Eglise a toujours évité l'expression n'est vrai que des définitions dogmatiques où elle s'est abstenue de l'employer. Mais on trouve l'expression dans saint Ignace, Clément d'Alexandrie, Méliton, Tertullien, aussi bien que dans la théologie médiévale et moderne. La *communicatio idiomatum* légitime cette expression.

(2) Liddon, *Divinity of Christ*, p. 433, 2ᵉ édit.

On voit aussi avec quelle prudente lenteur l'Eglise donne sa sanction officielle à ces développements, si l'on se rappelle le nombre de siècles qui se sont écoulés depuis les premières ébauches de ce dogme jusqu'à sa définition solennelle (1). « Le nombre de ces soi-disant nouveaux dogmes ne nous oppressera vraisemblablement pas, s'il faut huit siècles pour en promulguer un (2). » Les discussions entre les deux Ordres de saint François et de saint Dominique sur le motif de l'Incarnation contribuèrent au progrès de notre question. Il est facile de voir, en effet, combien la théorie Scotiste s'adapte plus naturellement au dogme de l'Immaculée Conception que celle des Thomistes, encore bien que cette dernière s'harmonise aussi avec notre doctrine. Saint Bernard, saint Bonaventure et saint Thomas, en soutenant des objections contre ce nouveau développement, ne faisaient que représenter l'élément conservateur qui a toujours existé et existera toujours dans l'Eglise. Il est naturel, il est bon que tout ce qui a l'air d'une opinion nouvelle provoque une attitude défensive d'opposition. « *Quis novus hic nostris successit sedibus hospes ?* » c'est la question qu'on lui posera inévitablement. Et il lui faudra se justifier à la barre de la science théologique et de l'opinion publique du clergé avant de pouvoir prétendre à aucune sanction officielle. Il n'est peut-être aucun point de dogme sur lequel le développement doctrinal ait suivi une gradation aussi marquée qu'en ce qui concerne la dignité de la Vierge Marie dans l'économie de l'Evangile. Et cela s'accorde bien avec certains passages de l'Ancien Testament dont on croit qu'ils se réfèrent à elle d'une façon secondaire. C'est ainsi que nous lisons :

---

(1) Il ne faut pas oublier que la croyance en la *Nativité* sans tache de la Vierge Marie était une doctrine universellement reçue dans l'Eglise depuis des siècles, expressément formulée par saint Bonaventure, encore que saint Anselme ne s'explique pas clairement sur ce point. La fête de la Nativité de saint Jean-Baptiste montre qu'on tenait la même opinion au sujet du saint Précurseur, bien qu'on ne regardât pas ce point comme de foi. (Cf. Luc, I, 15.)

(2) NEWMAN, *Apologia pro vita sua*, p. 395.

> Ainsi j'ai été établie dans Sion
> et dans la cité sainte je me suis reposée :
> et dans Jérusalem est ma puissance.
> Et j'ai pris racine chez une noble nation
> et dans la plénitude des Saints j'ai fait ma demeure.

Et encore :

> J'ai été exaltée comme le cèdre sur le Liban
> et comme le cyprès sur le mont Sion :
> J'ai poussé comme un palmier de Cadès,
> Comme un Rosier de Jéricho,
> J'ai étendu mes branches comme le térébinthe
> et mes branches sont faites de grâce et de beauté (1).

Et enfin dans la vision de l'Apocalypse, au regard de l'apôtre bien-aimé, il fut donné de contempler « un grand signe dans les cieux, une femme revêtue de soleil, avec la lune sous ses pieds et sur sa tête une couronne de douze étoiles (2). » Pourtant, il n'en demeure pas moins vrai que la salutation de Gabriel est la mesure de sa grandeur aussi bien qu'elle en est l'impérissable monument.

L'importance de cette question vient du lien intime qui la rattache à l'Incarnation dont elle a été la gardienne dans l'histoire comme dans le culte de l'Eglise. Il ne s'agit pas évidemment de canoniser telle ou telle opinion sur le rôle et les prérogatives de Marie dans l'Eglise. Il n'est pas dans notre idée non plus d'insister sur ce qu'on a appelé le « pouvoir magnétique » qu'a le culte de la Vierge Mère pour élever la femme à sa vraie dignité, et pour répandre ce type de perfection féminine dont Marie a été l'idéal, type à peine soupçonné par le Paganisme en ses jours les meilleurs, tandis qu'il s'affirme si fièrement aux débuts même de l'Evangile (3). Les gloires de la Mère, ne l'oublions pas, sont un reflet de la divinité de son Fils, et les couronnes que nous tressons pour le front de Marie nous les déposons aux pieds de Jésus.

(1) *Eccl.*, xxiv, 15-18, 22.
(2) *Apoc.*, xxii, 1.
(3) Voir Lecky, *European morals*, vol. 2, pp. 389, ss. *Hist. of Rationalism.* vol. I, pp. 234-235.

(4) Il ne faudrait pas imaginer que le principe du développement s'applique seulement aux doctrines moins fondamentales du christianisme. On en peut voir un exemple très remarquable dans les deux dogmes sur lesquels tout repose : la Trinité et l'Incarnation.

En dépit des attaques, pas entièrement désintéressées peut-être, dirigées par l'évêque anglican Bull dans sa *Defensio Fidei Nicœnœ* contre le P. Petau (1), tout le monde reconnaît aujourd'hui que le savant jésuite n'est coupable d'aucune exagération quand il met en évidence l'incorrection à tout le moins de l'expression sinon de la pensée, chez un certain nombre d'écrivains anténicéens (2).

Le fait que dans un traité sur le Saint-Esprit, écrit contre les hérétiques, saint Basile s'abstient soigneusement de lui donner le nom de Dieu (cette appellation se rencontre pour la première fois au Concile d'Alexandrie en 363), en serait une indication suffisante. Mais saint Justin parle du Fils comme inférieur au Père dans sa nature divine. Athénagore et Théophile d'Antioche, à propos de sa génération éternelle, emploient un langage suspect de sabellianisme. Origène parle de la préexistence de l'âme de Notre-Seigneur et de l'absorption finale de sa nature humaine dans la nature divine ; Hilaire et Epiphane nient que le corps du Christ ait été uni à la divinité pendant les trois jours qui se sont écoulés de la mort à la résurrection ; saint Ambroise, s'appuyant sur une interprétation erronée de Col., II, 15, nie l'union de l'âme humaine avec la divinité pendant ces trois jours, encore que ces deux points semblent implicitement contenus dans le symbole des Apôtres. Nombre de Pères Grecs et Latins, dans leurs discussions avec les Ariens, considèrent l'unité des personnes de la Sainte Trinité comme spécifique plutôt que numérique. Tous n'ont pas admis l'égalité des personnes.

---

(1) *De Trin.*, I, 3-5.

(2) V. Mgr DUCHESNE, *Les témoins anténicéens de la Trinité* dans *Revue des Sciences ecclésiastiques*, 1882, et aussi dans *Origines chrétiennes*.

(N. d. Tr.)

Newman, avant même de s'être formé une théorie du développement, pouvait écrire : « Quelques-uns ne voulaient en Dieu qu'une ὑπόστασις (substance) ; d'autres voulaient trois ὑπὸστασεις (subsistances ou personnes) ; quelques-uns parlaient d'une seule οὐσία substance, d'autres de plus d'une οὐσία. Les uns acceptaient, tandis que les autres rejetaient les termes προβολή et ὁμοούσιον suivant que l'une ou l'autre expression leur paraissait propre à réfuter l'hérésie du jour. Ceux-ci parlaient du Fils comme existant de toute éternité dans l'intelligence divine ; ceux-là semblaient concevoir un Verbe éternel, qui devenait Fils dans le temps. Les uns affirmaient qu'il était sans origine, d'autres le niaient : ceux-ci répondaient aux hérétiques qu'il était né du Père d'après la libre volonté de celui-ci ; ceux-là disaient que le Père n'était pas libre de n'engendrer pas, que c'était sa nature de le faire ; d'autres enfin disaient qu'il n'était ni libre, ni non libre. Les uns déclaraient que Dieu était trois en nombre, d'autres un ; tandis qu'à d'autres encore il paraissait plus philosophique d'exclure tout à fait l'idée de nombre dans les discussions sur cette nature mystérieuse, absolument incomparable, qu'on la considère dans son unité ou dans sa trinité et qui n'implique aucune espèce concevable, ni ne tombe sous aucune » (1).

En un mot, la foi de Nicée était un développement, car chez les Pères anténicéens elle existait comme l'or dans sa gangue ; il fallait la débarrasser de pas mal de scories (2). Je ne nie pas, certes, que la foi de Nicée fût un développement *légitime* à partir de l'enseignement des Pères des trois premiers siècles, mais j'affirme simplement qu'elle *fut* un développement ; seulement, tandis que l'Arianisme était un faux développement, la foi de Nicée en était un normal et légitime.

Comme on l'a dit encore à propos du dogme au temps des Pères apologistes, « le temps n'était pas venu...d'en donner une pleine et logique exposition... la

(1) NEWMAN, *Arians of the Fourth Century*, 4ᵉ éd., pp. 222-3. — (1ʳᵉ éd. p. 240).

(2) BLUNT, *Lectures on the right use of the Fathers*, pp. 490, 509, 585.

distinction des personnes en Dieu était encore incertaine et flottante. On voyait dans le Christ celui qui défendait l'homme contre le démon, ou le restaurait après sa chute, plutôt que celui qui le délivrait du péché et le réconciliait à son juge ; la grâce apparaissait comme un don, un héritage universel, et on s'attachait moins à proclamer qu'elle fût un don spécial de l'Esprit à ceux qui croient... Le langage n'était pas encore technique ; on n'en avait pas encore éprouvé le besoin ; nul n'avait été poussé à le créer. L'Eglise s'était contentée de cette foi implicite, esquissée dans ses prières et sa liturgie, non exprimée dans des traités dogmatiques ; tandis qu'au quatrième siècle, les circonstances ayant amené à peser les textes qui se référaient à la divinité du Christ, la voie était préparée, l'Eglise pouvait exprimer les pensées qui étaient en elle, avec la conscience profonde de ses traditions immémoriales (1). »

Il ne serait pas difficile d'ajouter de nouvelles preuves pour montrer que l'ὁμοούσιος de Nicée marque une date dans le développement de la doctrine, aussi bien que la définition du Concile de Latran sur l'Eucharistie (2). Nous avons vu que nombre d'auteurs anciens sont vagues — à tout le moins — sur d'autres questions encore que la doctrine de la Trinité. C'est ainsi que pas un seul des Pères Grecs, avant l'hérésie pélagienne, ne parle de la grâce en des termes qui puissent clairement la différencier des secours de l'ordre naturel, et

(1) MERIVALE, *Conversion of the Northern Nations*, pp. 19, 20. L'auteur cité n'affirme pas assez ; la foi à la divinité de Notre-Seigneur Jésus-Christ était plus qu'implicite pendant les trois premiers siècles, encore qu'elle ne s'exprimât pas en traités dogmatiques.

(N. d. T.)

(2) Gladstone répondait, non sans profondeur, à un critique très superficiel de l'*Essai sur le Développement* de Newman : « Je ne puis pas arriver à me convaincre que tout le rôle doctrinal de l'Eglise consiste à tirer des déductions de ce qui est actuellement contenu dans la Sainte Ecriture. Il y a longtemps que je n'ai lu saint Vincent de Lérins, mais j'ai toujours supposé *qu'il y a de toute nécessité dans l'Eglise une puissance de « développement »* ; par exemple le fait de baser l'*Homoousion* sur le texte « Mon père et moi sommes un, &c. » (l'autorité scripturaire, la plus forte je pense), suppose un don spirituel, et par conséquent requiert plus que la faculté de tirer des conclusions logiques. » *Life of Wilberforce*, I, 328-329.

que les prédécesseurs de saint Augustin ne disent rien
ou du moins rien de précis sur la nature du péché originel (1). Le *Cur Deus homo* de saint Anselme est le
premier effort systématique un peu complet qu'on ait
tenté pour expliquer la Rédemption dans ses rapports
avec les attributs divins.

On s'est demandé positivement si les *Pères* anténicéens avaient des croyances hétérodoxes. Si l'on veut
dire par là qu'ils aient jamais sciemment et formellement soutenu des opinions incompatibles avec la doctrine catholique, il faut évidemment répondre à la question par une négation absolue. S'agit-il au contraire de
savoir si ces Pères avaient un concept arrêté et parfait
des vérités qui firent l'objet des controverses avéc les
hérétiques durant le ive et le ve siècle, puis furent défi-
nitivement résolues par les conciles de l'époque pour
devenir ensuite le patrimoine de la chrétienté, à la
question ainsi posée il est difficile de donner une réponse
générale. Il faudrait examiner séparément chaque cas
particulier. Et cette question nous importe assez peu. Il
semble difficile de nier pourtant que plusieurs anciens
auteurs ne soient — matériellement, non pas formellement — incorrects sur plusieurs points qui n'avaient pas
encore été officiellement décidés ; et qu'un nombre bien
plus considérable n'ait pas toujours réussi à se rendre
un compte exact de tout ce qui était implicitement contenu dans les vérités qu'ils croyaient d'une foi ferme.
Lorsque Arius ou d'autres hérétiques accentuèrent certaines idées plus ou moins flottantes, plus ou moins
vagues, et leur donnant corps, en firent des négations

(1) Le traducteur s'étonne que Oxenham n'ait pas remarqué le
1ᵉʳ *livre contre Julien* où saint Augustin cite les Pères d'Orient ainsi
que saint Hilaire, saint Ambroise, et saint Jérôme pour prouver sa
doctrine. « Les Pères Grecs du iiie et du ive siècle admettaient que
le premier homme avait subi une déchéance. Ils reconnaissaient également que cette déchéance avait eu sa cause dans le péché... Mais
acceptaient-ils la transmission du péché originel ?... Le dogme d'une
tache héréditaire demeura au second plan, dans l'ordre des préoccupations dogmatiques jusqu'au moment des controverses pélagiennes »
L. LABAUCHE, *Leçons de théologie dogmatique, l'homme*, 1908, pp. 76-
77. Cf. pp. 292-293. Cf. J. TURMEL, *Histoire du dogme du péché originel*, 1904, pp. 21-24, et aussi son *Histoire de la théologie positive*,
vol. I, p. 232. A. GAILLARD, *Etudes sur la grâce*, pp. 57-59.

(N. d. Tr.)

formelles, ceux qui avaient l'âme catholique reculèrent instinctivement devant ces conséquences qu'ils n'avaient pas prévues, et reconnurent qu'un développement suivant une direction normale était le seul refuge contre les faux développements. Et si, dans les détails, on peut trouver chez les Pères anténicéens des éléments douteux ou plus que douteux, il faut dire que, dans l'ensemble, la suite et l'évolution légitime de leur théologie aboutissent au symbole de Nicée et à celui que nous appelons le symbole de saint Athanase.

On peut dire, dans un sens très réel, que ce dernier formulaire, sublime autant qu'instructif, ne contient pas de nouvelles vérités, mais expose et explique la vérité fondamentale de la Révélation, en se plaçant à des points de vue différents, et en opposition aux phases diverses et contradictoires des croyances erronées. Les propositions dont il se compose expriment en détail les différents aspects d'une même idée centrale que leur combinaison présente dans une majestueuse synthèse ; elles se tiennent toutes, chacune suppose toutes les autres ; en rejeter délibérément une seule équivaudrait à rejeter implicitement tout le reste ; ce serait porter un coup fatal à l'intégrité de la doctrine que ces différentes propositions ont mission de préserver.

Mais il n'en est pas moins vrai de dire qu'elles sont des développements de cette idée ; chacune de ces expressions contient une histoire ; dans chaque phrase est résumé tout un volume de controverse qu'on ne saurait découvrir ou comprendre sans un guide habile, puisqu'elle s'est graduellement développée sous l'effort lumineux des spéculations les plus subtiles et les plus hardies des Pères Grecs et Latins. Comme l'a dit un Protestant, « ce langage technique de la théologie n'est pas une invention gratuite d'ingénieux docteurs, mais *un développement nécessaire de la pensée chrétienne.* Chaque phrase est le résultat et marque le bulletin d'une bataille acharnée, mais qui devait nécessairement se livrer pour que la vérité dogmatique fût préservée. »

# IV

On veut parfois faire une distinction entre les développements primitifs sanctionnés à Nicée ou à Ephèse et les définitions plus récentes du Concile de Latran ou de celui de Trente, et surtout la définition de l'Immaculée Conception. On nous dit que dans le premier cas l'Eglise ne faisait qu'expliquer sa croyance primitive, tandis que dans le second elle ajoutait à sa croyance, se constituant ainsi moins la gardienne du dépôt originel que l'organe d'une révélation continue (1). Qu'il y ait entre ces deux cas quelques différences accidentelles qui ne touchent pas le principe du développement, c'est ce que nul ne fera difficulté d'admettre ; — mais ce serait exagérer singulièrement que de ne voir aucune correspondance entre ces deux ordres de faits. Tout d'abord, il faut distinguer entre la foi explicite et la foi implicite. Dès l'origine, l'Eglise a cru explicitement en la divinité du Christ et lui a rendu le culte de l'adoration ; sans cette croyance, il n'aurait pas pu y avoir de christianisme. Par conséquent, dès l'origine, l'ὁμοούσιος était cru implicitement ; car c'est une conséquence nécessaire de la divinité du Christ, et dès qu'on en saisit l'idée, on en voit immédiatement les attaches avec ce dogme. Seulement, nous l'avons montré, l'idée n'en avait pas toujours été saisie clairement. La définition de Nicée non seulement supprima beaucoup d'expressions douteuses ou incorrectes, mais encore elle dissipa beaucoup de vague et de confusion dans les idées, prévenant ainsi un résultat fatal : la disparition du dogme central de notre foi.

Le dogme de la *Transsubstantiation* est absolument parallèle à celui de la *consubstantialité*. Dès l'origine,

---

(1) Voir Liddon, *The Divinity of Christ*, p. 426 sqq., 2ᵉ éd. C'est un des rares passages qu'on regrette de trouver dans cette admirable et magistrale démonstration de la doctrine de l'Evangile.

l'Eglise avait reconnu et adoré son Dieu présent dans la sainte Eucharistie, et par la vertu de cette nourriture céleste, la vie spirituelle de ses enfants avait été soutenue pendant des siècles d'épreuves terribles, de luttes surhumaines et de glorieux martyre. Dès l'origine, par conséquent, elle avait cru implicitement à la transsubstantiation, car ce dogme était logiquement contenu dans la foi à la présence réelle (1).

Mais il en fut du dogme de l'Eucharistie comme de celui de la Trinité : le besoin d'une définition précise commença à se faire sentir avec les attaques de l'hérésie. Seulement tandis que l'Arianisme naquit au ive siècle, il n'y eut pas de discussion sur la présence réelle avant le ixe. Quand Paschase Radbert fut attaqué pour avoir parlé d'un changement de substance dans l'Eucharistie, il répondit, comme les Pères de Nicée avaient répondu à Arius, qu'il ne faisait que formuler de façon explicite l'ancienne et universelle croyance du christianisme sur ce saint mystère. Il disait si vrai, que, lorsque deux siècles plus tard, Bérenger reproduisit et défendit ouvertement et explicitement les opinions de Jean Scot Erigène, la foi du monde catholique se souleva contre lui immédiatement. L'archevêque protestant Trench déclare que, si on se rangeait à l'opinion de Bérenger (2), « les paroles de la consécration ne seraient qu'une métaphore et le sacrement de l'Eucharistie guère plus qu'un repas commémoratif » (3). Lanfranc répondit à Bérenger ; différents synodes particuliers le condamnèrent ; enfin, en 1215, le quatrième Concile de Latran, en définissant la Transsubtantiation, mit le sceau à la

---

(1) Voir WISEMAN, *Conférences sur l'Eucharistie.*

(2) Voir P. BATIFFOL. *Études d'histoire et de théologie positive,* 2e série, l'Eucharistie, 2e édit., pp. 380-381.

(3) TRENCH, *Lectures on Mediœval Church History,* Lect. 13, PUSEY dit avec plus de force encore : « La foi en la présence réelle était aussi entière au siècle où vécut saint Jean, que lorsque la pensée et la piété chrétienne l'eurent longtemps méditée... Elle était antérieure à la philosophie et n'en fut pas affectée ; elle survivra à la philosophie ou plutôt elle la gagnera. Pendant 1000 ans, jusqu'au malheureux Bérenger, pas un nuage ne l'obscurcit, et celui-là même se fut bien vite dissipé. » *University Sermons,* II, 286.

croyance qui avait toujours été implicitement admise.
Nous ne saurions être surpris de rencontrer chez les
écrivains anciens des expressions qu'il est très difficile
de concilier avec cette définition ; ne trouvons-nous
pas souvent chez les Pères anténicéens des expressions
qu'il est impossible d'harmoniser avec l'ὁμοούσιος ; et
pourtant dans les deux cas, on ne peut conclure des
prémisses révélées autre chose que le dogme catholique. C'est par degrés que la consubstantialité du Fils
et la transsubstantiation de l'Eucharistie passèrent du
domaine de la foi implicite à celui de la foi explicite.
Seulement cela prit moins de temps dans le premier cas,
soit parce que l'hérésie s'occupa du mystère de la
nature divine longtemps avant qu'elle ne spéculât sur
l'Eucharistie, soit aussi parce que la première de ces
deux doctrines touche plus intimement que l'autre aux
fondements mêmes de la foi chrétienne. Les définitions
du Concile de Latran et de celui de Trente sont un
développement de l'ancienne foi en la présence réelle,
dans le même sens précisément que le symbole de Nicée
est un développement du symbole des Apôtres, et celui
de saint Athanase un développement au symbole de
Nicée.

La question de l'Immaculée Conception est quelque
peu différente. Elle ne porte pas immédiatement sur un
point central du dogme ou du culte chrétien. L'Église
pouvait attendre sans inconvénient, avant de la solu-
tionner. Aussi, pendant des siècles, on ne toucha pas à
cette question, encore qu'il n'y ait aucune raison de supposer que l'exemption de la faute originelle en Marie ne
fût pas l'objet de la foi implicite ou explicite d'un bon
nombre. Les expressions de saint Augustin prouvent à
tout le moins que ce dogme n'aurait pas été en désaccord
avec la pensée de ses contemporains. Lorsqu'enfin la
question fut nettement posée, tout naturellement les
avis se partagèrent ; aussi le consentement universel
auquel on finit par arriver, ajoute certainement quelque chose à la croyance subjective de l'Église, mais
il n'ajoute rien au dépôt primitif de la foi dont cette
croyance est déduite, pas plus qu'il n'indique une
prétention à la prérogative d'une révélation nouvelle

ou d'une communication continue de vérités révélées.

Si l'on objecte qu'il est difficile de reconnaître comme appartenant au dépôt de la révélation une vérité qu'il a fallu si longtemps pour y découvrir, ou qui une fois proposée, ne semble pas à première vue, comme la définition de Nicée, être un corollaire logique du dogme, nous avons une double réponse. Plus la méditation qui s'exerce sur le dogme révélé est longue et approfondie, plus l'examen est attentif, plus la profondeur de sens qu'on y découvre s'étendra et s'élargira. Parce qu'une telle déduction n'a pas le don de paraître tout d'abord évidente à tel penseur isolé, ou même à telle école, il ne s'ensuit pas qu'elle soit illégitime. D'autre part, il ne faut pas oublier que pendant des siècles, des théologiens dont le nombre allait toujours croissant ont prétendu reconnaître cette vérité comme contenue dans le dépôt de la révélation ; tandis que nul d'entre eux n'a jamais imaginé qu'elle fût l'objet d'une révélation nouvelle. Dire qu'une doctrine était « inconnue à l'Église des Apôtres » ce n'est pas prétendre qu'elle ne faisait en aucune façon partie du dépôt confié aux Apôtres, à moins de vouloir soutenir ce paradoxe (c'est le mot propre) que les Apôtres ont non seulement compris à la perfection, mais encore ouvertement proclamé, dans tous ses détails, le sens très précis du message qu'ils avaient mission de transmettre à l'Église. Evidemment on ne peut discuter ici la nature du magistère infaillible qui donne à un développement le caractère définitif d'un article de foi. Ceux donc qui se prétendent tout prêts à recevoir le dogme de l'Immaculée Conception, s'il était présenté, comme le Θεοτόχος par l'Église indivise, admettent au fond le principe du développement que nous cherchons à établir.

V

Et ici gardons-nous bien d'une méprise toujours possible. Le progrès ou même l'acceptation universelle d'une opinion dans l'Eglise n'est pas nécessairement une preuve de vérité(1) : Il y a de faux développements aussi bien qu'il y en a d'authentiques ; il y a ce qu'on appelle des altérations ou corruptions, souvent exagérations d'idées justes ; n'y a-t-il pas également à côté des vrais miracles des miracles douteux ou même controuvés ? Mais la contrefaçon ne saurait rendre douteuse l'existence des réalités contrefaites Tel développement est basé sur une autorité plus que douteuse ; il ne peut donc offrir aucune garantie. Certaines opinions ont régné pendant des siècles, sans jamais recevoir la sanction officielle de l'Eglise ; et elles ont disparu, par exemple, la croyance — à un moment très générale, — en un règne terrestre (2) du Christ pendant une période de mille ans, croyance fondée sur l'attente de son retour prochain, et qu'il semble bien d'après leurs expressions on ne peut plus explicites, et sans nul doute pour des raisons très graves, que les Apôtres partageaient en toute sincérité. Ce fut seulement à mesure que cette croyance disparut à la lumière des faits, — Notre-Seigneur ne revenant pas, — que la doctrine du Purgatoire put s'implanter dans la pensée chrétienne. Saint Paul avait parlé d'un feu à travers lequel passeraient, comme

---

(1) Encore moins l'Eglise, comme telle, prend-elle sous le couvert de son autorité la croyance en tel ou tel miracle, quelque répandue que soit cette croyance, et quelque authentique que semble le fait. Nous songeons au miracle de Lorette et à celui du sang de saint Janvier — source de tant d'objections tous les deux. Croyant en ces deux miracles n'est pas synonyme de catholique. Que les miracles doivent continuer dans l'Eglise et qu'on n'ait pas le droit de les rejeter en bloc et à priori, — encore que ce ne soit pas un article de foi, — cela semble bien se déduire très directement de passages du Nouveau Testament tels que Marc, XVI 17-18 ; Jean, XIV 12 ; Actes II, 17. On peut se demander, pourtant si les hommes croient aux miracles parce qu'ils sont religieux, ou s'ils deviennent religieux parce qu'ils croient aux miracles

(2) Voici comment M. LABAUCHE résume les idées des Pères du III° siècle, sur ce point spécial : « On continue de croire à la proximité du retour du Christ, et à celle de la fin du monde. A cette croyance s'en joint une autre que l'Apocalypse mentionnait déjà. On est persuadé que le Christ, après sa parousie,- régnera mille ans sur la terre. Cette croyance, à laquelle on donne le nom de millénarisme ou de chiliasme, était entretenue dans les esprits par le désir de voir cesser les persécutions, et d'assister au triomphe définitif de l'Eglise. La plupart des anciens Pères aimèrent à s'entretenir dans cette espérance ...... Cette doctrine ne disparut complètement que lorsque les persécutions eurent cessé, c'est-à-dire au commencement du IV° siècle. » (Op. cit., pp. 365-367.) Cf. GRY. *Le Millénarisme*. (N. d. Tr.

au creuset, toutes nos œuvres, mais il fallut bien du temps avant qu'on ne se rendît compte de la plénitude de sens de ces paroles de l'Apôtre.

On s'accorde à voir une des plus anciennes expressions de ce dogme dans saint Augustin *(De Doct. christ.)*, mais encore n'est-ce donné que comme une conjecture (1). De même saint Augustin n'hésitait pas à condamner à d'éternels tourments les enfants morts sans baptême. Aucun théologien ne voudrait soutenir cette opinion, aujourd'hui. Au xve siècle, le Concile de Florence définit que ceux qui meurent en état de péché, ou même simplement avec la souillure du péché originel, seront punis éternellement encore bien qu'*inégalement*.

Les théologiens des siècles suivants enseignent que cette peine, due au péché originel, consiste seulement en ce que ces âmes ne jouiront pas de la vision béatifique, puisqu'elles manquent des facultés surnaturelles nécessaires à cette vision, mais qu'il leur sera possible, néanmoins d'atteindre un degré très élevé de bonheur naturel. Balmès résout d'après le même principe le cas de ces adultes, — surtout chez les nations païennes, — qui meurent avec leurs facultés intellectuelles et morales très peu développées et qu'on pourrait assimiler à des enfants au point de vue du caractère et de la responsabilité. La théorie extrême sur la prédestination, à laquelle saint Augustin fut acculé dans sa controverse avec Pélage, — théorie qu'il aurait probablement modifiée, s'il eût vécu plus longtemps, — demeura pendant douze siècles une opinion libre dans l'Eglise ; c'est seulement lorsque Jansénius l'eut érigée en système, et qu'elle fut devenue le cri de ralliement d'un parti puissant de théologiens, qu'elle fut officiellement con-

---

(1) On trouve pourtant dans les anciens auteurs l'indication d'une épreuve par le feu ou la prison, dans un état intermédiaire. Cf. NEWMAN, *Via Media*, II, p. 102, note. « Saint Augustin ... ne parlait de cette purification par le feu, immédiatement après la mort, que comme d'une opinion problable, tout à fait convenable. » LABAUCHE, *op. cit.*, p. 376.

damnée (1). Une autre opinion, longtemps très répandue chez les catholiques, bien qu'empruntée au Protestantisme, et qui semble insoutenable aujourd'hui, est celle de l'inspiration verbale des Livres Saints (2). Si les controverses actuelles amenaient l'Eglise à définir la nature et les limites de l'inspiration ou l'essence du bonheur du Ciel — questions sur lesquelles l'Eglise a, jusqu'ici, gardé le silence — cette décision ouvrirait de nouvelles sources de spéculations dans des directions diverses. C'est ainsi qu'un développement faux ou imparfait peut avoir une utilité relative et provisoire, et remplir un rôle providentiel dans l'évolution de la doctrine chrétienne.

Il y a aussi des opinions qui ont eu, pendant des siècles, et qui ont encore une très grande vogue, et auxquelles pourtant l'Eglise a refusé une place parmi ses articles de foi. Telle est, par exemple, la croyance très commune au feu matériel du Purgatoire : croyance qui, encore que les Protestants la citent généralement comme une doctrine catholique, a été caractérisée de simple opinion par le Concile de Florence, et n'a jamais été acceptée en Orient (3).

On peut aussi insister sur *le contraste entre le développement de la doctrine et celui de la discipline dans l'Eglise*, encore qu'il y ait entre les deux — et c'est naturel — une analogie très étroite. Un exemple fera mieux comprendre ma pensée. « Bienheureux les pauvres en esprit, car le royaume des Cieux leur

---

(1) Je n'ignore pas qu'il existe une controverse au sujet du vrai sens de saint Augustin ; mais on ne peut pas nier que les expressions dont il se sert dans ses *derniers* écrits aient pu servir de prétexte très plausible, pour ne rien dire de plus, — aux théories de Gotteschalk au IX' siècle et à celles de Jansénius quelques siècles plus tard.

(2) On maintient encore une théorie de l'inspiration verbale, mais pas au sens d'une dictée (ce qui serait plutôt une révélation), mais dans ce sens que rien n'échappe à l'inspiration ; donc les mots aussi sont inspirés. Sic, LÉVESQUE, LAGRANGE, etc. (N. d. Tr.)

(3) Cf. BELLARMIN, *De Purg.*, l. II, ch. XI, qui nie que ce soit un article de foi. PERRONE, (*Prælect. theol.*, De Deo, p. III, c. VI, art. 2) « Duo tantum ab Ecclesia de Purgatorio definita sunt, ejusdem scilicet existentia et suffragiorum utilitas erga defunctorum animas. Omnia deinde *quæ ad locum, tempus, pœnarum naturam et acerbitatem spectant*, dogma non attingunt, prout nec attingunt quæ ad modum pertinent quo defunctorum animæ fidelium suffragiis juvantur.

appartient » : voilà un principe qui a trouvé son expression légitime et naturelle dans les Ordres Franciscain et Cistercien ; pourtant il s'est écoulé plus de mille ans entre le jour où le Sauveur laissa tomber ces paroles sur la terre et celui où François d'Assise écrivit sa règle de « sainte pauvreté », et celui où Bernard, à la fleur de l'âge, renonçant à toutes les promesses de la vie qui lui souriait, à tous les appels du cœur et à la voix du sang, alla s'ensevelir dans la solitude de Cîteaux.

Ou bien prenez le fameux passage (Matt., xix, 19) qui contient en germe l'idée du célibat, comme grâce spéciale, et voyez par quelle lente évolution on est arrivé à l'instituer en règle de vie. A la fin du iv⁰ siècle, le Pape Siricius blâme le mariage des prêtres en Occident ; mais encore que prohibé, il ne fut pas déclaré nul, jusqu'à l'époque de Grégoire VII ; et dans bien des pays d'Europe, surtout en Angleterre et au pays de Galles, il continua à être très commun ; en Orient, cette règle de vie n'est appliquée qu'à l'Episcopat.

De même encore l'absolution sacramentelle a été instituée par Notre-Seigneur pour la rémission des péchés commis après le baptême ; mais le précepte de la confession annuelle ne fut établi (1) qu'au Concile de Latran en 1215, et, par conséquent, nous rencontrons, à partir de cette époque, de fréquentes allusions à des « confesseurs » dans les familles nobles ou royales, tandis qu'auparavant il n'était question que de « chapelains ».

Ce n'est que vers la fin du xiiie siècle qu'on s'agenouilla à l'Élévation de la Messe et sur le passage du Saint Sacrement porté aux malades ; la solennité et la procession de la Fête-Dieu établies par Urbain IV, en 1264, ne devinrent générales qu'après le Concile de Vienne, en 1311, encore que la croyance à la présence réelle eût prévalu depuis longtemps dans toute

_______

(1) Pour l'Eglise universelle. Le précepte existait auparavant pour des églises locales.                                                    (N. d. Tr.)

l'Eglise (1). Dans les premiers âges de l'Eglise c'était la coutume que tout le clergé communiât à la messe de l'Evêque ; plus tard, l'usage universel en Occident fut que chaque prêtre dît la messe ; mais la doctrine du Saint Sacrifice n'a pas changé.

Jusqu'ici l'analogie entre le développement de la doctrine et celui de la pratique de l'Eglise semble complète ; pourtant une distinction importante s'impose. Un développement dogmatique, une fois consacré officiellement par le jugement de l'Eglise, demeure à jamais ; tout au plus pourrait-il être absorbé dans la conscience plus haute et plus pleine que l'Eglise prendrait de cette même vérité (2). Les développements dans la discipline de l'Eglise sont, au contraire, variables de leur nature, encore que les principes dont ils émanent ne le soient pas. Se consacrer à Dieu dans l'état de virginité, c'est mettre en pratique les conseils de Notre-Seigneur et de ses Apôtres inspirés ; mais les règles particulières concernant le vœu de chasteté peuvent varier suivant les époques et les circonstances. L'adoration du Christ dans l'Eucharistie est un corollaire de la présence réelle, mais les méthodes de culte extérieur peuvent changer. L'absolution et la communion sont instituées par le Christ ; mais la législation concernant leur administration et leur fréquence est laissée à la discrétion

(1) Il est remarquable que la célébration par toute l'Eglise du Dimanche de la Sainte Trinité remonte à une date encore plus récente ; elle fut établie pour la première fois par le pape Jean XXII en 1334. Il semble qu'en Angleterre et Allemagne, on l'ait connue plus tôt qu'ailleurs. Saint Thomas Becket aurait été le premier à l'imposer à l'Angleterre. En revanche, elle ne fut jamais connue en Orient.

(2) Il est possible, naturellement, que la même *expression* théologique acceptée à un moment soit rejetée plus tard suivant le sens qui s'attache à cette expression. C'est ce qui est arrivé pour le mot ὁμοούσιος. C'est ainsi encore que l'expression de saint Cyrille : μία φύσις τοῦ Θεοῦ λόγου σεσαρκωμένη fut acceptée par le V° Concile et que Petau en défend l'orthodoxie en tant qu'elle s'oppose à l'erreur nestorienne. Mais les Monophysites en abusèrent pour défendre leur doctrine, elle ne pouvait, dès lors, être reçue dans l'enseignement courant ; ainsi encore la formule : « *Unus de Trinitate passus est* » fut condamnée par le Pape Honorius et acceptée par ses successeurs. Ils ne la comprenaient pas tous dans le même sens. V. PETAU, *De Incarn.*, V, 2, 3.

de l'Eglise. Les mêmes pratiques peuvent n'être pas également bien adaptées à tous les âges et à toutes les conditions de la société ; et ce que l'Eglise a sanctionné solennellement à une époque, elle peut, avec une égale sagesse, le changer ou l'abroger à une autre époque. La législation du jeûne, par exemple, a changé suivant les temps, les climats et les autres circonstances. La communion sous les deux espèces fut formellement ordonnée par le Pape Gélase, au v⁰ siècle, pour combattre une hérésie courante ; on commença à y renoncer en Occident au xiii⁰ siècle ; et on le fait encore, de nos jours, partout, sauf de rares exceptions (1). La communion quotidienne était la pratique ordinaire de la primitive Eglise ; mais, vers 1215, l'amour des chrétiens s'était tellement refroidi, qu'il devint nécessaire de leur faire une obligation grave de s'approcher de la Sainte Table, au moins une fois l'an. La même règle persévère, mais de nos jours pour quiconque fait profession de mener une vie foncièrement chrétienne, ce serait presque donner le scandale que de communier si rarement.

Un changement beaucoup plus important que ceux que nous venons de mentionner s'introduisit au xiii⁰ siècle, quand on supprima la communion des enfants, — pratique qui avait été jusqu'alors en vigueur dans toute la chrétienté, et l'est encore en Orient, — et qu'on retarda l'âge de la Confirmation, qui avait aussi été administrée aux enfants, soit immédiatement après le baptême, soit, en Occident où son administration était réservée aux Évêques, aussitôt que l'occasion s'en présentait (2). Refuser la Confirmation et

<hr>

(1) Dès les premiers siècles on donnait la communion sous la seule espèce du pain à ceux qui la recevaient chez eux, — cette pratique était alors plus fréquente qu'aujourd'hui, — aux malades et aux prisonniers ; les enfants buvaient au calice ; c'est encore la pratique de l'Eglise grecque de ne leur donner la Sainte Communion que sous l'espèce du vin. La grande majorité recevait donc la Sainte Eucharistie sous une seule espèce au temps des persécutions.

(2) Sur la façon dont la Confirmation était administrée immédiatement après le Baptême, voir DUCHESNE, *Origines du culte*.

(N. d. Tr.)

l'Eucharistie au tiers ou à la moitié des chrétiens baptisés, était certes une innovation plus sérieuse que de supprimer, dans les offices publics, l'usage du calice qui n'avait jamais été adopté pour les communions privées, d'autant plus que cette innovation semblait aller contre la déclaration solennelle de Notre-Seigneur, (Jean, ii, 53, *Nisi quis renatus fuerit ex aqua et Spiritu sancto*) sur laquelle certainement l'usage primitif avait été basé.

On ne veut pas insinuer que l'Eglise n'était pas compétente pour introduire de changement, ou qu'il n'y avait pas de bonne raison de le faire ; mais il faut bien admettre que c'était un changement radical auprès duquel l'établissement de la communion sous une seule espèce, — de la demi-communion comme on s'est plu à la nommer pour la ridiculiser — devient presque insignifiant, pour ceux surtout qui acceptent la doctrine de la présence réelle. Mais il faut bien admettre aussi que c'est plutôt surprenant de voir ceux qui, comme les Protestants, ont renié la présence réelle, dénoncer cette innovation (quelque inopportune qu'elle puisse leur paraître) comme opposée à l'Ecriture et à l'usage primitif ; ce qui, du reste, au fond, n'est pas vrai.

Prenons un autre exemple. La législation de l'Église sur les relations que les Catholiques pouvaient avoir avec ceux du dehors fut presque complètement bouleversée par le Concile de Constance, qui se rendait compte du changement de conditions qu'avait subi la société européenne.

Ce sont là seulement quelques exemples choisis au hasard, — l'histoire de l'Eglise en est remplie — qui montrent comment le même principe peut recevoir des applications diverses ou même contradictoires en apparence, suivant les exigences de l'époque et du pays. On a fait observer, avec beaucoup de justesse, que « transporter, sans la modifier, la physionomie d'une époque à une autre, c'est, dans la plupart des cas, être infidèle à ce principe de continuité, en vertu duquel nous prétendons nous rattacher à nos ancêtres du ier, du ive, du ixe ou du xiiie siècle. Nous sommes les enfants de ceux qui vivaient alors, *nous ne pouvons pas être ces hommes eux-mêmes* (1) ». L'épouse mystique ne devait pas seulement être belle à l'intérieur : elle devait être « parée d'un vêtement aux mille couleurs », et il n'y a pas le moindre paradoxe à dire qu'elle change sans cesse, en restant toujours la même.

On pourrait montrer une analogie plus intime, peut-être, *entre le progrès de la doctrine et le développement des dévotions,* corollaires du dogme. C'est ainsi, par exemple, que la dévotion au Sacré-Cœur est la conséquence théologique de la définition d'Ephèse qui, proclamant Marie « Mère de Dieu », garantit ainsi la réalité de l'union hypostatique. Lui opposer des objections *doctrinales,* — les instincts et les goûts en fait de dévotion sont nécessairement variables, — c'est le fait d'un nestorianisme inavoué. On pourrait dire la même chose de la dévotion aux cinq Plaies, au Précieux Sang et des autres dévotions qui se rattachent aux détails de la Passion.

VI

Pour en revenir aux développements doctrinaux, disons un mot — un seul — des marques *(tests)* par lesquelles on peut juger de leur valeur. Il est par trop évident, en effet, qu'un vrai développement doit être en harmonie avec la révélation primitive et le plan de Dieu ; toute théorie, par exemple, qui porterait atteinte à l'Incarnation, à la Divinité du Verbe éternel, à son office de médiateur, ou bien encore aux principes de la morale chrétienne, serait condamnée par le fait même.

---

(1) WESTCOTT, *Contemporary Review,* juillet 1868. Ce serait l'erreur inverse, mais non moins grave, que de vouloir juger les personnages et les faits historiques d'après les circonstances et la mentalité de notre époque. Ce qui est inutile ou opportun au xxᵉ siècle, pouvait très bien ne pas l'être au xiiiᵉ. Si l'on ne perdait pas de vue cette vérité si évidente, beaucoup de nos verdicts habituels seraient certainement revisés.

Pour ne citer qu'un exemple, on peut regarder la doctrine du Purgatoire comme un développement de l'idée de la justice divine ou mieux peut-être de celle de la malice du péché commis après le baptême ; aussi, on a fait remarquer qu'il n'est pas une seule doctrine qui nous donne une impression aussi claire, aussi vive, aussi profonde de cet élément fondamental de toute religion : le sentiment de notre misère, de notre infirmité, de notre corruption (1). En même temps elle nous aide à expliquer ce qu'il y aurait pour nous de si dur et de si angoissant dans la révélation d'un châtiment éternel.

D'autre part, il est clair qu'on ne saurait admettre aucun développement qui serait en opposition avec des vérités dérivées d'une autre source, telle que la raison naturelle, la science ou l'histoire. Dieu ne peut pas se contredire. Sa parole, quand il révèle, doit être en parfait accord avec sa parole écrite dans le cœur de l'homme, dans les monuments du passé, sur la croûte terrestre ou dans les cieux étoilés. Il serait inconcevable donc qu'un vrai développement pût exalter les vertus évangéliques, celles que le Christianisme introduisit dans le monde, aux dépens ou à l'exclusion des vertus soidisant naturelles, que le Christianisme n'a pas introduites, sans doute, mais qu'il a certainement adoptées ou sanctionnées. Il peut y avoir eu des périodes, dans l'Eglise, où on a pu croire, en certains milieux, que la pureté, l'humilité et les autres grâces de l'Evangile pouvaient remplacer la franchise, la justice, la force de caractère et les autres vertus de l'ordre naturel ; il n'est pas impossible non plus que, dans certains autres, on ait accepté les idées manichéennes sur l'impureté de la matière, sinon d'une façon consciente, du moins implicitement. Mais ce ne pouvait être que des opinions passagères, qui n'entrèrent jamais dans la trame de la vie de l'Eglise.

Une autre marque, tirée de saint Vincent de

(1) NEWMAN, *Via Media*, II, 102, p. 7.

Lérins (1), c'est que ce progrès doit aller du moins au plus : ce doit être une augmentation de connaissance ; il doit élargir, et non pas rétrécir les limites de la pensée religieuse. L'Eglise, faisant usage de toutes les ressources extérieures, et éclairée par le Saint-Esprit, progresse continuellement en sagesse et en vigueur, et ses sentiers sont comme la lumière de l'aube qui s'en va croissant toujours, jusqu'aux splendeurs du jour parfait.

Dans quelles limites s'exerce ce développement, sous la direction de l'Eglise ? Nous ne saurions mieux répondre qu'en citant une page de Newman : « Les grandes vérités de la loi morale, de la religion naturelle, du dépôt de la foi confié aux Apôtres déterminent les limites de ce développement en même temps qu'ils en constituent les fondements. Il ne peut pas les dépasser, et il doit toujours y faire appel. Son objet, et les articles qui déterminent cet objet sont fixes... Il doit se guider sur l'Ecriture et la Tradition. Il doit se rapporter à cette partie du dépôt confié aux Apôtres qu'il a mission de mettre en lumière on de définir.. La vérité nouvelle qui est promulguée, — si on peut l'appeler nouvelle,   doit avoir avec l'ancienne vérité des rapports d'homogénéité, de parenté, de dépendance. Elle doit être ce que j'aurais pensé ou désiré devoir être contenu dans la révélation confiée aux Apôtres ; du moins, il la faut de telle nature que mes pensées s'accordent et s'harmonisent avec elle, aussitôt qu'elle m'est présentée (2). » Newman suppose ici, comme il le dira explicitement ailleurs à propos de l'Immaculée Conception, — qu'une vérité « nouvelle » peut n'être reconnue qu'après des siècles de controverse, ou même être l'objet d'une très vive opposition. La lumière divine accordée à l'Eglise ne remplace ni n'empêche le développement historique de sa pensée.

Et maintenant, avant de passer aux objections, envi-

(1) Cf. *Sup.*, p. 17.

(2) *Apologia pro vita sua*, pp. 392-393.

sageons un ou deux corollaires qui découlent de ce qui vient d'être dit. D'abord, il est clair qu'on n'a pas le droit de se hâter de rejeter des développements nouveaux, en théologie, pour la simple raison qu'ils sont nouveaux. souvent, en effet, ils n'ont de nouveau que l'apparence et c'est à de « vieux amis, sous des dehors nouveaux », que nous souhaitons la bienvenue. Mais même, s'il n'en était pas ainsi, n'oublions pas que, contre toutes les définitions, depuis l'ὁμοούσιος de Nicée, on a évoqué l'accusation de nouveauté. On disait : c'est inutile, puisqu'elles ne contiennent rien de nouveau ; ou bien : c'est dangereux, puisque c'est une innovation. Vaines craintes ! Des déductions nouvelles du dépôt de la révélation ne seront jamais incorporées prématurément dans le *Credo*. Toute définition nouvelle a été le résultat d'une lente progression, au cours des siècles ; et les Protestants bien informés se contentent maintenant de sourire, lorsqu'ils entendent des imprudents se faire forts d'établir la date à laquelle telle ou telle doctrine aurait été inventée. L'Eglise est patiente, parce qu'elle est éternelle. Elle peut attendre. Et s'il nous plaît de nous étonner ou de nous scandaliser de ce que nous ne comprenons pas tout de suite, la science théologique ne s'arrêtera pas pour cela en notre faveur, comme le soleil et la lune, dans la vallée d'Aïalon.

Nul non plus n'a le droit de s'en prendre aux découvertes scientifiques qui semblent aller contre les opinions reçues — Ces sortes de découvertes ont été généralement accueillies par ce verdict : théorie fausse ; puis on a dit : cette découverte constitue un danger pour la religion ; et enfin, quand il est devenu constant qu'elle était vraie et parfaitement inoffensive, on s'est avisé qu'elle était insignifiante: tout le monde ne la connaissait-il pas depuis longtemps ? Mais cette manière de faire manque de sagesse autant que de loyauté. S'il y a un danger à heurter de front les préjugés des ignorants, on s'expose aussi à ébranler la foi de ceux qui savent, quand on s'obstine à taxer de subversif ce qu'ils considèrent à juste titre comme un fait démontré. *Noli æmulari*. Ou votre opinion n'était qu'une simple opinion qui ne faisait en aucune façon partie du dogme, ou la prétendue découverte n'était qu'une conjecture hypothétique utile à son heure, mais éphémère, ou bien il n'y a pas de conflit entre les deux. En tout cas, la vérité n'a rien à craindre. Celui qui a tout créé avec harmonie, a abandonné cet univers aux recherches de l'homme, et la plénitude des temps ne suffira pas à étudier les œuvres admirables de ses mains (1). Un catholique ferme dans ses croyances aura si peu la pensée d'entraver le libre cours de la science, qu'il éprouvera la crainte de voir ses résultats ne pas arriver en dernière analyse, à confirmer sa foi. Il se plaindra peut-être d'affirmations téméraires, de généralisations hâtives, de certaine tendance à transformer des hypothèses en conclusions, et à considérer comme ruineuse une doctrine contre laquelle il est possible d'accumuler des objections ; mais qui donc parmi ceux qui ont le souci de la science pourrait l'en blâmer (2) ? Quand on se rappelle comment amis et ennemis s'accordaient à voir la révélation engagée dans les discussions sur le système solaire, on a le droit de sourire de l'ignorance ou de l'impatience, ou de l'incrédulité de ceux qui désireraient ou qui redouteraient de voir la géologie ou la psychologie porter un coup mortel à notre foi chrétienne (3).

## VII

Je mentionnerai, pour finir, deux objections principales, l'une théorique, l'autre pratique, qu'on aime à opposer au principe du développement. Il suffit

(1) Cuncta fecit bona in tempore suo, et mundum tradidit disputationi eorum, ut non inveniat homo opus quod operatus est Deus ab initio usque ad finem. *Eccles.*, III, 11.

(2) Le rôle de l'apologiste consiste — le mot est du Cardinal Wiseman — à marquer de temps à autre « les rapports entre la science et la religion révélée », mais non pas à les mettre en opposition.

(3) A supposer que l'hypothèse évolutionniste devienne une certitude (je suis loin d'y croire), le dogme de la Chute n'en serait pas atteint Car en dernière analyse, il faut bien, si l'on admet une âme, s'arrêter dans la série de l'évolution à un instant où l'homme devient « âme vivante ». A ce moment précis se rapporterait le point de départ de ces relations entre Dieu et l'âme humaine qu'on appelle « justice originelle » et « péché originel ».

presque de les formuler nettement, pour les résoudre.

On nous objecte, et parfois avec amertume, que la thèse du développement de la doctrine constitue une insulte à la révélation, et contient une négation implicite de la foi donnée jadis ; que l'Ecriture ne saurait trouver place dans une doctrine qui n'est plus aujourd'hui ce qu'elle était hier et qui demain sera peut-être encore différente ; et que c'est purement accidentel si on aboutit aux décrets de Trente plutôt qu'aux blasphèmes de l'impiété. Si cette objection est autre chose qu'une méprise sur la question même, méprise que réfute suffisamment la page de Newman que nous venons de citer, elle est une fausseté et tout à fait le contre-pied de la vérité. Parler ainsi, c'est oublier que le développement se fait à l'aide de nos facultés intellectuelles, les données qui lui fournissent une base d'opération et en déterminent les limites, ne sont pas le résultat d'une découverte de l'intelligence humaine, mais bien d'une révélation d'en haut. Le dépôt de la foi contenu dans l'Ecriture et la Tradition est l'unique source de tous les développements postérieurs, et la pierre de touche de leur légitimité. Il semble donc que s'il y avait insulte à la révélation, elle consisterait plutôt à nier qu'à proclamer ce développement. Si c'est une loi de l'esprit humain dans ses relations avec n'importe quelle vérité, philosophique, morale ou scientifique, que ses facultés, — comme les muscles du corps, — se développent par l'exercice, il faudrait se faire, semble-t-il, une piètre idée d'un système de vérité révélée qui ne récompenserait pas, par un progrès de lumière et de science, le travail et l'attention qu'on lui consacre. Faudrait-il admettre que sur ce sujet, le plus noble de tous, il soit interdit à l'esprit de travailler, ou du moins qu'il dût le faire sans résultat ?

Si la loi du progrès se retrouve en toutes les œuvres de Dieu, devrons-nous, par une humiliante exception, infliger au royaume de sa grâce un état de stagnation ? Imaginer, sous prétexte que l'Evangile est le dernier mot de Dieu à l'homme, que la théologie, telle que nous l'avons, est sortie tout entière de la pensée du premier siècle, — comme Minerve de la tête de Jupiter, — c'est affirmer du monde moral ce que nous nous sommes efforcés d'exorciser de notre conception du monde physique : une série de cataclysmes miraculeux suivie d'une autre série de miracles à l'effet de réparer les premiers.

Mais peut-être on nous objectera les faits. Voyons donc les faits. Je ne parlerai pas de l'éducation du monde païen (1) que Dieu dans sa Providence dirigea de façon évidemment progressive, jusqu'à ce que fut arrivée la plénitude des temps, marquée pour l'Incarnation. L'Ancien Testament présente une analogie plus décisive. S'il fallait s'attendre à voir qnelque part la loi du progrès suspendue, c'était bien en Israël, car les commandements gravés sur des tables de pierre étaient moins un esprit qu'une lettre ; et si l'Eglise juive avait reçu la révélation de Dieu, elle manquait d'une autorité infaillible. Et pourtant, même là, le développement ne fut pas absent. Nulle part, peut-être, on ne voit le plan divin de la Révélation se développer plus clairement que dans les pages de l'Ancien Testament, des Patriarches jusqu'aux Prophètes et des Prophètes jusqu'aux derniers écrivains. Pour nous en tenir au seul point de vue doctrinal, c'est un fait que le Pentateuque ne contient pas d'enseignement précis sur la vie future. Dans les Livres Deutéro-canoniques, les Psaumes et les Prophètes, la foi en la vie future est exprimée (2) de façon suffisamment claire et significative :

_________

(1) Voir ALBERT DE BROGLIE, *Questions de religion et d'histoire*, 1860, T. II, pp. 217-262. Réponse aux attaques du R. P. Guéranger, sur l'histoire de l'Eglise et de l'Empire au quatrième siècle. Reproduit un article du *Correspondant* de Nov. 1856. (N. d. Tr.)

(2) « S'il est faux de dire que les anciens Israélites n'ont pas cru à la vie future, il ne le serait pas moins de leur attribuer toutes les idées eschatologiques que l'on trouvera plus tard dans les livres du Nouveau Testament. Il faut encore reconnaître que ces croyances restèrent longtemps stationnaires chez les Hébreux. Il ne semble pas que les Prophètes y aient beaucoup ajouté, ni qu'ils se soient élevés à une vue bien claire de l'état qui est fait à la survie de l'homme après la mort. » LABAUCHE, Op. cit., pp. 334-340. Un peu plus loin, pp. 348-352, l'auteur décrit, de façon intéressante, le mode de développement de l'eschatologie palestinienne, qu'il déclare inexplicable par la seule influence des idées alexandrines, pp. 345-347.

(N. d. Tr.)

Qu'ai-je dans le Ciel en dehors de toi
et hormis toi que désiré-je sur terre ?
Mon cœur et ma chair défaillent ;
Dieu est ma part à jamais (1)

Plus explicite encore est la certitude de Daniel que ceux qui dorment dans la poussière de la terre se réveilleront, les uns pour la vie éternelle, les autres pour la honte et la souffrance éternelles, et que ceux qui enseigneront la justice à nombre de disciples brilleront comme des étoiles à jamais (2). Ailleurs, au lieu de la malédiction prononcée sur la stérilité, et des promesses d'une longue vie, nous trouvons l'éloge de la virginité, et la béatitude de celui qui « consummatus in brevi explevit tempora multa ; raptus est de medio iniquitatis, ne malitia mutaret intellectum ejus et fallacia nugacitatis deciperet animam ejus ».

Ou encore on nous dit que « la vieillesse est une couronne de gloire », et que « la vieillesse vénérable ne se compute pas par la longueur du temps, ni par la nombre des années ; mais la sagesse tient lieu des cheveux blancs et la vie sans tache est une longue vie (3) ». Les martyrs de l'époque machabéenne moururent au milieu des plus cruels tourments, « en songeant à la résurrection », avec la confiance que celui pour les lois duquel ils mouraient les glorifierait un jour, car ils savaient que c'est une bonne et salutaire pensée de prier pour les morts, et que « les âmes des justes sont dans la main de Dieu, et que la souffrance ne les

(1) Ps. LXXII, 24-25.

(2) Dan., XII, 2-3.

(3) Sap., III, 1-3 ; IV, 8-9 ; V, 2-3.
Cf. LAGRANGE, O. P., *Le livre de la Sagesse, sa doctrine des fins dernières. Revue Biblique*, 1907, pp. 85-104. Article important dont nous extrayons la citation suivante : « L'eschatologie du livre de la Sagesse est surtout individuelle, morale, religieuse. L'auteur espère fermement que la connaissance du vrai Dieu ne tardera pas à se répandre sur le monde entier, mais il ne dit pas comment. Les anciens tableaux prophétiques sur le jugement et le triomphe des Israélites apparaissent encore ; mais comme idéalisés dans une grande scène qui représente la victoire des justes sur les impies. Le règne de Dieu inauguré sur cette terre, sera alors dans sa splendeur, et les justes y seront associés. » p. 103.
(N. d. Tr.)

touchera pas. Aux yeux des insensés, ils semblaient mourir, et leur trépas était estimé misérable, et leur départ une destruction irréparable, mais ils sont dans la paix... Nous, insensés, nous regardions leur vie comme une folie, terminée par une fin sans gloire. Et les voilà parmi les enfants de Dieu ; et ils partageront le sort des Saints (1). »

Cette doctrine de la vie future était devenue si complètement une partie du credo national que les Sadducéens qui la niaient, et rejetaient, en conséquence, les livres plus récents de l'Ancien Testament, étaient, au temps de Notre-Seigneur, regardés comme hérétiques.

Et qu'on ne se dise pas que, sous l'ancienne Loi, la source de l'inspiration coulait toujours, pour s'arrêter à jamais vers la fin du Ier siècle de notre ère. Car sans parler de l'inspiration partielle attribuée par beaucoup à des hommes comme saint Bernard, Savonarole, Thomas a Kempis, l'assistance donnée à l'Eglise immortelle, — ἡ ἀεὶ Ἐκκλησία — nous offre contre l'erreur une garantie plus sûre que les révélations intermittentes accordées aux saints de l'ancienne Loi (2). Le même Esprit qui jadis parla par les Prophètes, demeure à jamais dans le corps mystique du Christ. Maintenant, comme alors, qu'il survienne une crise extraordinaire, et nous pouvons être assurés que Dieu suscitera un prophète ou un prêcheur de justice, chargé de nous apporter et la lumière et l'énergie nécessaires pour nous régénérer.

C'est ainsi qu'au moment où le XVe siècle s'abîmait dans les horreurs d'une morale dépravée, sous le poids terrible d'un scepticisme latent, le moine de Florence à la blanche robe auréolée des flammes de son bûcher de

_______

(1) 2 Macc., VII, 3, 29, 36 , XII, 43, 45.

(2) Les prophètes hébreux remplissaient un office qui n'était pas sans analogie avec le rôle du *sensus fidelium* ou de l'opinion publique dans l'Eglise ; ils étaient, vis-à-vis du sacerdoce lévitique ce que les laïcs fidèles et intelligents sont vis-à-vis du clergé. Il ne faudrait pourtant pas trop presser cette analogie, car les offices rituel et prophétique séparés sous la loi juive sont unis dans le sacerdoce chrétien. On pourrait aussi comparer les prophètes aux ermites et aux moines en tant que ceux-ci se distinguent du clergé séculier.

martyr, s'élève pour rendre témoignage à la sainteté outragée et crier dans un avertissement solennel, encore que bien peu écouté, quels fléaux vont s'abattre sur ce monde (1). Nous avons le bonheur de ne pas avoir à compter comme les païens ou les Israélites, uniquement sur ces interventions exceptionnelles ; nous pouvons assimiler et utiliser les acquisitions intellectuelles de tous les siècles, sans distinction d'écoles, capables, comme nous le sommes, de séparer l'or pur de l'alliage, de rejeter le mal pour choisir le bien (2).

Si donc tous les systèmes de la philosophie ancienne — dans la mesure même où ils étaient vrais, — contenaient non pas des axiomes purement arbitraires, mais des germes que devaient développer les esprits pensants; si la lumière de l'inspiration divine communiquée à une longue série de Patriarches et de Prophètes, — tels les coureurs de Grèce se passant de l'un à l'autre la torche enflammée, — allait toujours progressant jusqu'aux clartés radieuses du jour parfait, on serait mal venu — ce serait du reste passablement irrespectueux — à refuser aux paroles du Christ et de ses apôtres cette plénitude de vie, ces capacités d'expansion infinie dont nos symboles et nos théologies sont une expression véridique, mais imparfaite, et où la science de dix-neuf siècles a trouvé à se nourrir sans les épuiser. Qui pourrait méconnaître les enseignements si variés du Psautier, que ses échos majestueux résonnent sous les voûtes de nos vieilles cathédrales, ou que sa voix se fasse douce et tendre, pour murmurer des mots de consolation à l'oreille du mourant, ou que ses accents de pitié infinie

---

(1) On a voulu voir dans Savonarole un précurseur de Luther. On lui avait même assigné une niche dans le monument de Luther à Worms. Il n'est donc pas inutile de faire remarquer que Rome, après un examen très sérieux, a déclaré ses écrits exempts de toute erreur doctrinale. Saint Philippe de Néri avait pour lui un respect tout particulier.

(2) Certainement on ne peut pas ignorer toute la pensée protestante en matière de piété. — Les plus grands théologiens catholiques seront les premiers à reconnaître combien ils sont redevables à certains travaux protestants, particulièrement en matière de critique biblique. Mais le jugement de l'Église seul peut donner à ces résultats une sanction officielle.

s'élancent des profondeurs de l'humaine misère vers l'inlassable Compassion qui veille sur l'âme envolée du chrétien.

La forme même du Nouveau Testament, composé non pas de symboles mais de principes, de narrations et de lettres, tend à confirmer notre thèse. « Ses phrases inachevées comme ses effusions de langage sont susceptibles de développement ; elles ont en elles une vie qui se manifeste par le progrès (1). » Conçoit-on deux ouvrages qui se ressemblent moins dans la forme que le *De Incarnatione* de de Lugo et l'Evangile de saint Jean ? Pourtant le célèbre Jésuite ne fait que mettre en formule la croyance de l'Apôtre. Il a fallu des siècles pour extraire la plénitude de sens des quelques versets dont se compose le prologue de l'Evangile de saint Jean, comme il a fallu des siècles pour montrer dans la réalité des faits tout le sens de la mission donnée à saint Pierre sur les rives de Génésareth : « Pais mes brebis. »

Considérez encore tout ce qu'il y a dans l'idée de *personne*. Bien que cette idée ne fût pas nouvelle en elle-même, elle dut paraître une nouvelle révélation aux néophytes Grecs et Romains convertis par saint Paul ; c'est d'elle qu'est dérivé tout ce qu'implique la vraie dignité de l'homme ; d'elle qu'a procédé, par une déduction lente mais inévitable, la suppression de l'esclavage, et la conception moderne de « la liberté, de l'égalité, de la fraternité » au sens chrétien de cette expression. Comme cette majestueuse réponse du Christ à sa sainte Mère, dans le temple de Jérusalem, le message céleste est adressé à l'Eglise, non pas simplement pour être reçu avec un assentiment respectueux, mais pour être précieusement conservé au fond des cœurs, pour devenir la source d'une connaissance toujours grandissante, une semence qui jaillisse sans cesse en des formes de vie plus élevées.

La seconde et dernière objection vient d'une classe de personnes qui méritent tout notre respect et toute notre sympathie. Elle revient à peu près à ceci : *la*

______
(1) NEWMAN, *University sermons*, p. 318. Cf. 335-7.

*théorie du développement, quelque plausible qu'elle paraisse, n'est après tout qu'une théorie ;* en dépit de quelques difficultés intellectuelles, on peut maintenir que les trois symboles et les grands dogmes du christianisme ont été acceptés par des multitudes qui rejetaient avec indignation toute addition postérieure ; la Bible, en dépit de ce que la critique peut objecter contre son authenticité ou son inspiration, a été, en fait, pour des milliers d'âmes une règle de conduite, un guide dans l'incertitude, une source inépuisable de force durant la vie, et une consolation au lit de mort. L'Eglise grecque, ajouterait-on peut-être, — ce n'est pas vrai de tout point, — n'a jamais admis le principe du développement, mais n'en a pas moins maintenu intact son héritage de foi orthodoxe.

Dans la mesure où les faits mentionnés sont vrais, ils ne constituent pas une objection sérieuse. L'Eglise grecque a présenté certainement pendant ces dix derniers siècles tout ce qui ressemble le plus à une forme de christianisme immobilisée et sans développement : l'explication en est facile. Après avoir adopté pour elle-même et transmis à l'Eglise latine le résultat des développements des huit premiers siècles, — son œuvre exclusive, — après avoir fourni une base au symbole de Nicée, à celui de saint Athanase, comme aux décrets dogmatiques de tous les conciles œcuméniques antérieurs au schisme, elle a pu, bien que se refusant à recevoir les définitions les plus récentes des conciles d'Occident, maintenir son *statu quo* d'une façon presque intégrale.

Mais cela est tout au rebours de son histoire de jadis ; et ce n'a été possible que pendant les dix derniers siècles ; grâce à des circonstances qu'il serait trop long d'énumérer ici, elle s'est tenue à l'écart de toute la pensée européenne, et n'a fait aucun progrès, ni en dogme, ni en morale, ni en critique biblique, ni en recherches historiques. Faites-lui reprendre contact avec la critique, les questions, les doutes de notre époque, et elle sera forcée d'avancer ou de reculer, de sacrifier ce qu'elle garde jalousement, ou d'accepter de nouvelles applications de son ancienne foi. Elle a été trop peu tentée de tomber dans l'erreur, pour avoir senti qu'il fallait faire subir une adaptation à la vérité. Voilà pourquoi la théologie orientale est demeurée jusqu'à ce jour stérile et vague.

En Angleterre, il y a eu naturellement plus de liberté de pensée, mais les forts instincts conservateurs du caractère national se sont combinés avec les éléments catholiques de la tradition écrite ou orale, conservés dans l'Église nationale, et qui la distinguent du protestantisme continental, pour garder au cœur de ses fils, un héritage considérable de sentiments et de croyances orthodoxes. Ils ont accepté la Bible, et avec elle (sans s'en douter souvent) l'interprétation traditionnelle de bien des passages bibliques, en grande partie parce qu'ils n'ont jamais eu l'idée de mettre en doute ni les uns ni les autres. Et nous pouvons nous réjouir qu'il en ait été ainsi.

Mais cette attitude d'acceptation irréfléchie tend bien à disparaître, sous l'action d'influences diverses, celle de Tubingue en particulier (1). Un état d'esprit s'est créé qui consiste à afficher une hostilité absolue contre le dogme, « cette excroissance pernicieuse » poussée sur la foi plus simple à l'Incarnation que beaucoup, on ne voit pas trop en quel sens, désireraient garder. La seule manière de leur répondre est d'affirmer hautement le principe catholique du développement, à l'encontre de la conception rationaliste. L'ignorance de ce principe pour des partisans d'un christianisme dogmatique, serait comparable à l'ignorance des lois du mouvement chez un astronome, ou à l'ignorance de la circulation du sang chez un physiologiste. Le Christ des Evangiles, nous dit-on, s'est idéalisé et transformé graduellement sous l'action du dogmatisme ecclésiastique, dans le Christ de la théologie, à mesure qu'on passait de la simplicité des récits évangéliques aux subtilités techniques des Symboles. « Attribuer à saint Paul ou aux Douze la notion de la vérité chrétienne telle qu'on la

_______________

(1) Sur les influences dissolvantes qui s'exercent aujourd'hui chez les Anglicans voir le récent ouvrage de W. Sunday, *The life of Christ in recent research*, 1907.

conçut dans la suite dans l'Eglise, c'est, a-t-on dit, commettre un anachronisme aussi violent que de leur attribuer un système de philosophie. » En un sens c'est vrai ; mais quand on nous dit que l'ὁμοούσιος de Nicée est simplement pour l'Eglise une infortune moindre que ne l'eût été la définition du contraire, et qu'on ajoute très justement, d'ailleurs, que sans l'idée de développement, les traditions du 1er siècle formeraient une base tout à fait insuffisante pour la théologie du xixe siècle, il semble bien que l'instrument qui menace d'élaguer les « innovations » doctrinales de Trente, est bien près de retrancher aussi les définitions de Nicée et le symbole de saint Athanase.

Il en est beaucoup qui, sans aller si loin, voudraient pourtant détacher la morale chrétienne du support qu'elle trouve dans le dogme, et ils oublient la psychologie et l'histoire, à ce point qu'ils s'attendent à voir la fleur continuer à s'épanouir, quand la racine est morte. Non, on ne fait pas sa part à l'erreur. L'agnosticisme, — qui n'est pas autre chose qu'un athéisme « écrit en gros caractères » — sera demain le rival le plus acharné et le plus formidable de la foi catholique ; le théisme philosophique seul ne saurait lui barrer le passage longtemps. Il ne peut nous donner qu'une abstraction intellectuelle, au lieu du Dieu vivant, tandis qu'il ne répond même pas aux objections qu'on fait à la révélation, si tant est qu'il n'y ajoute pas (1).

_______________

(1) « Ceux qui admettent un créateur et un législateur tout puissant, juste et bon, ne peuvent guère faire contre le Christianisme une seule objection qui ne se retourne contre eux. » J. S. MILL, *Autobiography*, p. 39. Cf. *Essays on Religion*, p. 314. Mill, pour résoudre le problème, avait recours à la vieille théorie dualiste des Gnostiques et des Manichéens.

## VIII

Il est toujours malaisé de prophétiser. D'aucuns pensent que l'antéchrist est proche. Dans un sens, il est toujours proche ; bien des signes nous feraient croire à sa venue immédiate. Nous serions portés à le reconnaître surtout dans cet effort tenté contre l'honneur de l'Incarnation, cette volonté perverse, exprimée en bien des façons, de « dissoudre » l'unité du corps du Christ dans l'Eucharistie, et celle de son corps mystique : l'Eglise ; nous le voyons dans « tout esprit qui dissout Jésus (1) ». Même en face de cette lutte suprême, je ne saurais oublier toutes les raisons d'espérer que nous offre le sens religieux de nos contemporains : on n'est plus sceptique aujourd'hui comme on l'était jadis. Le règne de Voltaire est fini ; on n'affecte pas l'incrédulité, on la confesse avec amertume. Comme l'enfant dans les ténèbres, on pleure après la lumière, à cause surtout des problèmes si difficiles et si complexes, et si urgents, qui se posent devant notre société.

La Réforme n'était que le premier acte d'un drame encore inachevé : nous serons témoins peut-être d'une crise plus radicale et plus terrible. Il importe d'être unis et bien armés. Au temps de la controverse iconoclaste, l'art chrétien et la civilisation se présentèrent aux portes de l'Eglise grecque, et demandèrent à être admis. On les rejeta.

L'Eglise grecque, depuis ce jour, s'est enlisée et pétrifiée. Saint Jean Damascène, au viii<sup>e</sup> siècle, a été son dernier théologien. La Renaissance s'est présentée aux portes de Rome. Elle a été admise en ce qu'elle avait de meilleur. La Réforme avait entraîné la moitié de l'Europe dans sa révolte. Les décrets du Concile de Trente en

_______

(1) I Jean, iv, 3. Omnis spiritus qui solvit Jesum. Socrate (H. E. vii, 32) nous affirme que cette leçon de la Vulgate était celle des plus anciens manuscrits.

furent l'heureux résultat. Aujourd'hui la science, la philosophie, la critique frappent à nos portes. Il faut ou les accepter, ou les rejeter ; mais les rejeter, c'est donner à l'erreur l'aide qu'elles pourraient nous rendre. Maintenant comme toujours, l'Eglise doit marcher et conquérir, par la puissance de cet Evangile qu'elle, — et elle seule, — a été chargée par Dieu de prêcher, mais maintenant aussi, et toujours, il lui faut, comme le père de famille de l'Evangile, tirer de son trésor des choses anciennes et des *choses nouvelles.*

Et c'est aussi en ce temps que s'impose le devoir, toujours cher à un cœur chrétien, de réaliser aussi parfaitement que possible la prière du Rédempteur à la veille de sa mort : *Ut sint unum.* L'archevêque martyr, Mgr Darboy, déplorait (1) le spectacle qu'offraient les nations de l'Europe divisées par trois siècles de Protestantisme et de luttes théologiques, alors que pourtant les lois, les institutions, les coutumes de toutes ces nations, tout ce qui constitue leur vie sociale et politique rend témoignage au christianisme qu'elles professent en commun et à ce caractère indélébile du baptême imprimé sur leur front. S'ils pouvaient donc s'unir contre le danger commun, autour des autels d'une même foi, tous ceux-là qui invoquent le nom du Christ avec sincérité. Les meilleurs esprits, les plus saintes âmes dans l'Eglise catholique, et en dehors de l'Eglise catholique, caressent, avec amour, ce rêve d'unité. Qui donc a dit ce mot touchant : « A la seule pensée de cette vision de paix, le cœur bat plus fort et les yeux se remplissent de larmes » (2) ?

Je ne peux ici qu'effleurer ce sujet. Mais quiconque croit sincèrement que les intérêts les plus sacrés du genre humain sont liés à la révélation d'un Dieu incarné et crucifié, ne peut s'empêcher d'éprouver, en suivant les événements ou les tendances de la pensée religieuse

---

(1) Lettre pastorale, 1868.

(2) Avec quel bonheur Oxenham aurait salué l'action de Léon XIII instituant la Confrérie de Notre-Dame de la Compassion pour la conversion de l'Angleterre !

(N. d. Tr.

et antireligieuse, une conviction profonde, que chaque année doit raffermir, de la suprême importance d'une union visible entre tous les chrétiens. À cause de ce manque d'unité, l'action de la vérité dogmatique sur le monde est paralysée, le zèle des missionnaires est entravé ; c'est l'affaiblissement à l'intérieur, l'inquiétude et le doute à l'extérieur, et la condition morale des nations chrétiennes et de leurs capitales ressemble à celle de la Rome de la décadence, et des cités qui périrent, sous le feu vengeur de la destruction. Et cependant, les énergies intellectuelles s'épuisent dans les travaux stériles d'une controverse acharnée entre ceux qui devraient être des frères, alors que sous des auspices plus heureux on pourrait concentrer ces forces dans une seule et même tâche, qui consisterait à présenter dans toute sa majestueuse harmonie la plénitude de sagesse et de science enfermée dans les oracles vivants du Seigneur.

La vérité, comme celui dont elle est la voix, est une et indivisible. De même que l'ombre varie, encore que l'objet qui la produit ne change pas, ainsi l'éclat qu'elle réfléchit sur la terre croît d'âge en âge ; tandis que le Verbe de Dieu demeure à jamais dans les cieux. Toute la révélation divine, toute la vérité spirituelle qui ait jamais été connue ici-bas, depuis l'origine du monde ou qui sera jamais connue jusqu'à sa destruction, existait dès le début dans la conscience de l'Église ; mais elle y existait, comme l'univers visible ou invisible existait avant la création, comme une mélodie qui n'a jamais été chantée, comme un poème qu'on n'a pas parlé, elle se cachait bien profond dans le cœur de Dieu. Une par une, dans leur plénitude comme dans leurs détails, toutes ces gloires devaient se manifester à sa conscience, devenir partie intégrante de sa vie organique, comme les étoiles s'allument l'une après l'autre, au coucher du soleil, dans l'azur assombri du firmament. Il ne saurait y avoir d'arrêt à sa science toujours croissante, pas de station dans le sentier radieux qu'inonde la lumière divine, jusqu'à ce que les feux de la Pentecôte disparaissent dans l'embrasement des clartés éternelles.

On peut dire que tous les articles du Credo sont contenus en résumé dans la première phrase : *Credo in unum Deum* ; comme toutes les mélodies sont contenues dans les sept notes de la gamme. De sa toute-puissance résulte la création ; tandis que l'Incarnation, la Passion, l'Eucharistie, sont l'expression de son amour sans limites ; la justification est l'œuvre de sa sagesse ; sa miséricorde est la mesure de notre béatitude éternelle, et sa justice se révèle dans le terrible châtiment infligé au péché. Ce ne serait pas une exagération de dire que tout le cycle des vérités révélées est enveloppé dans la lettre du texte scripturaire ; mais alors ce texte (qu'on me pardonne la comparaison), est comme une étoffe sur laquelle on a écrit des caractères à l'encre sympathique ; il faut les exposer au feu pour qu'on puisse les lire ; ou bien encore, il ressemble, ce texte, à ces facultés naissantes de l'esprit humain qui demandent à être stimulées du dehors et fixées par l'analyse mentale. Ou mieux encore peut-être, on pourrait le comparer à ces ossements arides que vit le Prophète, dans la vallée ; ils attendaient le souffle de cet Esprit qui habite l'Eglise et l'illumine, et sous l'action de la vertu d'en haut, ils allaient, poussière desséchée, se transformer soudain en un organisme animé et vivant.

# BIBLIOGRAPHIE


SAINT VINCENT DE LÉRINS. *Commonitorium*. Edition Brunetière et Labriolle.

W. S. REILLY, S. S. *Quod ubique, quod semper, quod ab omnibus. Etude sur la règle de foi de saint Vincent de Lérins*. Tours.

NEWMAN. *Développement de la doctrine chrétienne*. Trad. Gondon.

BREMOND, NEWMAN. *Le développement du dogme chrétien*, 1905.

DE LA BARRE. *La vie du dogme catholique*, 1898.

Mgr MIGNOT. *Evolutionnisme religieux*. Art. du *Correspondant*, avril 1897.

DE GRANDMAISON. *L'élasticité des formules de foi. Etudes*, août 1898.

LE MÊME. *Le développement du dogme chrétien. Rev. prat. d'apologétique*, 15 janvier 1908 et numéros suivants.

W. WARD. *Newman and Sabatier. Fornightly Review*, May 1901.

LE MÊME. *Unchanging dogma and changeful man*, dans son *Problems and persons*.

MAISONNEUVE. *Newman et Sabatier. Bulletin de littérature ecclésiastique*.

Abbé DE BROGLIE. *L'individualisme et le développement doctrinal. Correspondant*, 1890.

ERMONI. *Le développement et ses lois. Revue du Clergé français*, mars 1903.

P. Pourrat. *La théologie sacramentaire*, 3ᵐᵉ édition.

A. Largent. *Discours prononcé à l'ouverture du cours d'histoire ecclésiastique à l'Ecole libre des Hautes Etudes, le 14 novembre 1873*, dans *Une station de Carême*.

G. Fonsegrive. *Le Catholicisme et la vie de l'esprit.*

Laberthonnière. *Le dogme de la rédemption et l'histoire, d'après un livre récent. Annales de philosophie chrétienne*, février 1906.

P. Batiffol. *Le sens et les limites de l'histoire des dogmes*, dans *Questions d'enseignement supérieur ecclésiastique*, 1907.

# TABLE DES MATIÈRES

## V



## VI



## VII



## VIII



2270-08. — Imp. des Orph.-Appr., F. Blétit, 40, rue La Fontaine,
Paris-Auteuil.

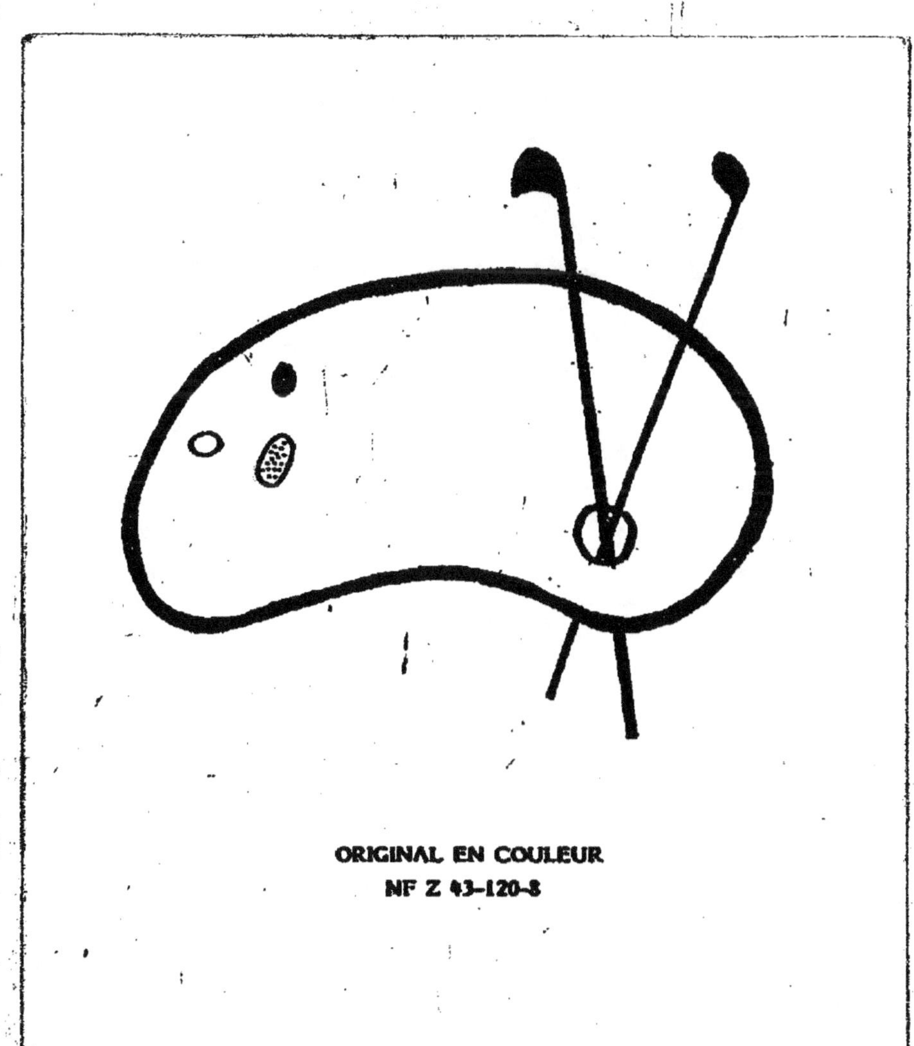

ORIGINAL EN COULEUR
NF Z 43-120-8

www.ingramcontent.com/pod-product-compliance
Lightning Source LLC
Chambersburg PA
CBHW051133050726
47594CB00003B/1073